U0518500

中华文化
新读

儒学今读

陈来 著

四川人民出版社

图书在版编目（CIP）数据

儒学今读 / 陈来著. —— 成都 : 四川人民出版社, 2021.11
ISBN 978-7-220-12410-5

Ⅰ. ①儒… Ⅱ. ①陈… Ⅲ. ①儒学－研究 Ⅳ. ①B222.05

中国版本图书馆CIP数据核字（2021）第181130号

RUXUEJINDU

儒学今读

陈来　著

出 版 人	黄立新
责任编辑	唐　婧
特约编辑	李学军
封面设计	蔡立国
内文设计	毕梦博
内文排版	吴　磊
责任印制	祝　健

出版发行	四川人民出版社（成都市槐树街2号）
网　　址	http://www.scpph.com
E-mail	scrmcbs@sina.com
新浪微博	@四川人民出版社
微信公众号	四川人民出版社
发行部业务电话	（028）86259624　86259453
防盗版举报电话	（028）86259624
印　　刷	成都国图广告印务有限公司
成品尺寸	130mm×200mm
印　　张	10
字　　数	162千
版　　次	2021年11月第1版
印　　次	2021年11月第1次印刷
书　　号	ISBN 978-7-220-12410-5
定　　价	68.00元

图书策划：■ 活字文化

目录

序

　　最近五年，我在山东（主要是山东大学、山东孟子研究院）多次做了有关先秦儒学的讲演。山东是孔、孟之乡，我讲的内容也是以孔子、孟子的思想为主，同时也涉及《周易》《大学》《中庸》《儒行》等先秦儒学典籍。我做这些讲演时，大都是先准备提纲，没有文稿。好在讲演主办方都做了现场录音，讲演之后整理了录音交我，我再修为定稿。这些讲稿大多已在各种刊物分散刊载，现将这些讲稿集为一书。应该说，这本书的内容还是较为集中的。

　　与学术论文不同的是，这些讲演面向普通听众，不多引经据典，在阐发儒家的思想理念时，注重与当今生活和现代文化相融合，适合于传统文化的社会普及和推广，适合于把儒家传统文化与日常生活相结合。同时，收入本书的讲稿也努力在学术上有所创新，在先秦儒学经典文本传承的诠释、在儒家思想的当代意义与价值等方面，提出一些新的认识和思考。

现在各方面都提倡"大家写小书"。这本书是一本"小书"，但不见得篇篇都体现了"大家"之言。希望得到读者的批评和建议。

陈来

2021 年 7 月于清华学堂

《周易》中的变革思想

长久以来，有一种观点，认为中华文明是农业文明，而农业文明是保守、安于现状、抗拒变革的。也有人认为，儒家思想是保守的，是反对变革的，这一主张甚至在半个世纪前的"文化大革命"后期成为一种政治运动的观念基础。这些观点在今天也仍然被一些人所秉持着。

　　《周易》（易经）号称群经之首，在六经中最富有普遍理论的意义，也是中华文明最为古老的经典体系。易学是研究易经的学问，是汉代以后中国经学绵延发展中最重要的部分，也是儒学的重要部分。"易"的基本意义就是变易，易经的基本思想就是整个世界处于永恒的变易之中，而人必须顺应这个不断变易的世界，建立起变易的世界观。所以，展示易经中的变易思想，我们就很容易看清上面所说的两种观点是错误的。中华文明自古就产生了源远流长的变革思想，也正是这种思想支持了中华文明数千年连续不断的发展。

《周易》的变易思想，在理论上的表述集中体现在《易传》，尤其是《系辞传》。《易传》的表述语言有二重性，一方面具有解说卜筮原理的意义，另一方面则具有对宇宙普遍原理叙述的意义。由于本文不讨论卜筮的问题，所以《易传》文本中关联卜筮的一面不在我们讨论的范围。我们只关注《易传》作为哲学文本的意义。

一、唯变所适

我们先来看《系辞传》的首章叙述：

动静有常，刚柔断矣。方以类聚，物以群分，吉凶生矣。在天成象，在地成形，变化见矣。是故刚柔相摩，八卦相荡。鼓之以雷霆，润之以风雨；日月运行，一寒一暑。乾道成男，坤道成女。乾知大始，坤作成物。乾以易知，坤以简能。易则易知，简则易从。易知则有亲，易从则有功。有亲则可久，有功则可大。可久则贤人之德，可大则贤人之业。易简而天下之理得矣。天下之理得，而成位乎其中矣。〔《易传·系辞传上》第一章〕

易传特别重视宇宙中各种对立面要素的分化和互相作用，如动静、刚柔、天地、乾坤，认为它们作为宇宙世界的基本要素，其相互作用决定并丰富了宇宙的运动和变化。对立面的分化造成了丰富的世界万象，造成了变化的可能，而对立面的相摩相荡促进了变化的深刻展开。这就是"在天成象，在地成形，变化见矣"，而"变化"两字就是这段叙述中的关键词。

来看《系辞传》的第二章：

> 圣人设卦观象，系辞焉而明吉凶，刚柔相推而生变化。是故吉凶者，失得之象也。悔吝者，忧虞之象也。变化者，进退之象也。刚柔者，昼夜之象也。六爻之动，三极之道也。是故君子所居而安者，《易》之序也。所乐而玩者，爻之辞也。是故君子居则观其象而玩其辞，动则观其变而玩其占。是以自天佑之，吉无不利。〔《易传·系辞传上》第二章〕

圣人不仅深刻观察了宇宙世界的万象、它们之间的关联作用，而且主动地设计出易卦的体系，用以"刚柔相推而生变化"为基本特征的易卦体系，来推演世界的变化吉凶，以求得人要达到的结果。换言之，古代哲人积极地运用人为的变化体系模型即周易卦象体系，模拟世界的变化，以谋求理解、把握世界的变化及其结果。这种积极应变的思维，与文明的产业基础（农业）没有必然关系，体现的是人类主观能动性不断成熟发展，谋求掌握世界变化的方向趋势，趋利避害，求得最好的结果。这种不回避变化，不预期世界静止不变，反而积极主动去了解变化的心态，绝不是一种保守的心态。

《系辞传》下面又说：

> 《易》与天地准，故能弥纶天地之道。仰以观于天文，俯以察于地理，是故知幽明之故；原始反终，故知死生之说；精气为物，游魂为变，是故知鬼神之情状。与天地相似，故不违；知周乎万物，而道济天下，故不过；旁行而不流，乐天知命，故不忧；安土敦乎仁，故能爱。范围天地之化而不过，曲成万物而不遗，通乎昼夜之道而知，故神无方而《易》无体。〔系辞传上第四章〕

在《易传》看来，《周易》的作者要彻底了解天地的幽明、世人的死生、宇宙的始终、鬼神的情状，要囊括事物的万变，促成事物的发展，这种心态也绝不是保守的心态，而是积极把握世界及其变化规律的宏大胸怀。所谓"神无方而易无体"，这里的易不是仅仅指易卦自身，而是指宇宙变化的全体；无方无体，是指世界的变化没有时间和空间的限制，又是无限动态的。

这就提出了关于"易道"的问题。所谓易道就是指《易》之道，也是指整个天地之道，强调变易是宇宙的普遍原理和法则：

> 《易》之为书也不可远，为道也屡迁。变动不居，周流六虚，上下无常，刚柔相易，不可为典要，唯变所适。〔《易传·系辞传下》第八章〕
> 《易》之为书也，广大悉备。有天道焉，有人道焉，有地道焉。兼三才而两之，故六。六者，非它也，三才之道也。道有变动，故曰爻。爻有等，故曰物。物相杂，故曰文。文不当，故吉凶生焉。〔《易传·系辞传下》第十章〕

道始终在流转变迁，从不把自己固定于某一个处所，一切事物相互变易。变动不居是说不断地变化，不可为典是说没有一定之规。变化才是整个世界唯一的原理。天道即易道的总体，分而言之，可以三才之道来说明，即天道、地道、人道；狭义的天道讲阴与阳，地道则讲柔与刚，人道专讲仁与义。但易道总而言之，只是一个变化之道，所以说"道有变动"。

二、观察变化

《说卦传》一开始就明确提出"观变"的观念：

> 昔者圣人之作《易》也，幽赞于神明而生蓍，参天两地而倚数，观变于阴阳而立卦，发挥于刚柔而生爻，和顺于道德而理于义，穷理尽性以至于命。
>
> 〔《易传·说卦传》第一章〕

变化是世界的原理，也是世界的普遍现象，但是这不等于说人们就能自然地了解变化的普遍性和意义。因此易传要求人们要"观变"，即善于观察事物的变化和对立统一，进而了解整个世界与变化的关系，达到穷理尽性的境界。

《易传》中既讲"观"，也讲"察"：

> 观乎天文，以察时变；观乎人文，以化成天下。
>
> 〔贲·彖传〕

观和察的对象就是时变，因为在《易传》作者看来，变不能脱离时，时总是和变相结合，时变就是处于一定时空之中的变化，把变化置于一定时空环境中来观察，才能获得对变化的具体了解。

《说卦传》又提出：

> 神也者，妙万物而为言者也。动万物者莫疾乎雷，桡万物者莫疾乎风，燥万物者莫熯乎火，说万物者莫说乎泽，润万物者莫润乎水，终万物始万物者莫盛乎艮。故水火相逮，雷风不相悖，山泽通气，然后能变化既成万物也。〔《易传·说卦传》第六章〕

"妙"就是促使事物发生多样的变化。雷是鼓动万物的，风是吹拂万物的，水是润泽万物的，神就是促使事物变化的。所以，事物的变化有其"能变化"的原因，《易传》认为这个原因就是"神"，神的功能就是妙运万物，以成就变化。但这个神不是古代宗教的神灵，而是《易传》对宇宙变化的内在动力因的一种说法。因此，人们在观变于阴阳、察乎时变的同时，还要深刻理解事物变化的根源，才能根本上提高对于变化的理解。

恒卦的象辞说：

> 天地之道，恒久而不已也。利有攸往，终则有始
> 也。日月得天而能久照，四时变化而能久成，圣人
> 久于其道而天下化成。观其所恒，而天地万物之
> 情可见矣！〔恒－象传〕

恒是稳定之意，但恒不是不变，不是与变化根本对立
的，恒是在阴阳四时的推移变化、交相感应中得以形
成的。恒也不是一成不变，而是在变化中寻求平衡和
稳定。二者不是互相排斥的。这都表现了《易传》的
辩证思维。

乾卦象辞以宏大的视野揭示了天道变化流行的全
景：

> 大哉乾元！万物资始，乃统天。云行雨施，品物流
> 形。大明终始，六位时成，时乘六龙以御天。乾道
> 变化，各正性命，保合大和，乃利贞。首出庶物，
> 万国咸宁。〔乾－象传〕

乾道就是天道。阴阳刚柔相互作用，互相推移，大化
流行，无所不在，而天道的本质就是变化，天道的作

用也是变化。正是天道的变化使得万物各得其性命之正，而万物也要在因应天道变化的过程中去成就自己的品性、发扬自己的生命。"天地变化，草木蕃。"〔坤·象传〕天地的变化是造成万物生长繁盛的根本原因，有变化才有生成。

三、通其变化

《系辞传》提出了"通变"的重要观念：

> 一阴一阳之谓道，继之者善也，成之者性也。仁者见之谓之仁，知者见之谓之知，百姓日用而不知，故君子之道鲜矣！显诸仁，藏诸用，鼓万物而不与圣人同忧，盛德大业至矣哉！富有之谓大业，日新之谓盛德。生生之谓易，成象之谓乾，效法之谓坤，极数知来之谓占，通变之谓事，阴阳不测之谓神。〔《易传·系辞传上》第五章〕

宇宙的变化是在一阴一阳的变化反复中展开的，要认识这些无方无体的变化并不容易。《易传》的作者认为，宇宙的变化，特别是反映在我们这个世界、我们这个人世间，就是"日新"和"生生"。从这里就可以把握变化的真谛。"日新"是说变化不断产生新的要素，新的东西；"生生"是说生命的展开不是重复，而是生命力的蓬勃发展，并且永不停息。这种变化不已、生生不息的世界观，不仅绝不是停止、不变的世界观，而且是一种充满乐观、包容的宇宙观。特别是，这里提出了人面对世界的变化，要谋求"通变"，也就是通晓事物的变化，把握世界的变化，以指导我们的实践。通变可以成就事业，所以说"通变之谓事"。说明《周易》要求掌握世界的变化，不仅是为了认识变化，而且是运用这些认识去成就事业。这是中国古代哲学的特点，即不仅要认知世界的变化，而且要推动事物的变化，以符合人类实践的目的。通变的思想是《周易》重要的指导思想。

《系辞传》又说：

夫《易》广矣大矣！以言乎远则不御，以言乎迩则静而正，以言乎天地之间则备矣。夫乾，其静也专，其动也直，是以大生焉。夫坤，其静也翕，其动也辟，是以广生焉。广大配天地，变通配四时，阴阳之义配日月，易简之善配至德。〔《易传·系辞传上》第六章〕

"通变"又叫"变通"，通变的工具是易卦体系，而这一体系是以模拟天地四时的变化为基础的。通过这种相似相配于天地之变化流行，以揭示出宇宙的变化机制，促进人类应对变化的发展。

《系辞传》还说：

> 《易》有圣人之道四焉：以言者尚其辞，以动者尚其变，以制器者尚其象，以卜筮者尚其占。是以君子将有为也，将有行也，问焉而以言，其受命也如响。无有远近幽深，遂知来物。非天下之至精，其孰能与于此？参伍以变，错综其数，通其变，遂成天地之文；极其数，遂定天下之象。非天下之至变，其孰能与于此？《易》无思也，无为也，寂然不动，感而遂通天下之故。非天下之至神，其孰能与于此？夫《易》，圣人之所以极深而研几也。唯深也，故能通天下之志；唯几也，故能成天下之务；唯神也，故不疾而速，不行而至。子曰"《易》有圣人之道四焉"者，此之谓也。〔《易传·系辞传上》第十章〕

人们对《周易》的运用有不同的出发点、不同的方式，所谓"以动者尚其变"，是指用《周易》去指导我们的行动。最重要的是重视事物的变化，使我们的行动适应环境的变化。这里再次提出"通其变"，就是通晓和深刻理解变化及其意义，甚至认为通其变者才可以掌握天下之至变。几是变化的苗头，从事物变化的初期，就能掌握其微妙的苗头，研究这些微妙的苗头，关注事物变化的方向，随机应变，这样才能成就天下的事务。

> 子曰："圣人立象以尽意，设卦以尽情伪，系辞焉以尽其言，变而通之以尽利，鼓之舞之以尽神。"
>
> 〔《易传·系辞传上》第十二章〕

这里说的变而通之，是指《周易》的作用之一，就是"变而通之以尽利"，运用对于世界变化的通透理解去贯穿于实践的全过程，就可以充分得到需要的利益，避开各种可能的害处。所以通变不仅仅只是一种哲学智慧的理解，而且强调事和利，指向对实际事务的指导。不可否认，"变而通之以尽利"包含了对现有事物进行改革，理顺事物的合理关系，以发挥出最充分的效能，以求得最大的利益。这样的思想，可以说就是改革的思想。

最后来看变通和时的关系：

刚柔相推，变在其中矣；系辞焉而命之，动在其中矣。吉凶悔吝者，生乎动者也。刚柔者，立本者也；变通者，趣时者也。吉凶者，贞胜者也；天地之道，贞观者也；日月之道，贞明者也；天下之动，贞夫一者也。夫乾，确然示人易矣；夫坤，陨然示人简矣。爻也者，效此者也；象也者，像此者也。爻象动乎内，吉凶见乎外，功业见乎变，圣人之情见乎辞。天地之大德曰生，圣人之大宝曰位。何以守位？曰仁。何以聚人？曰财。理财正辞，禁民为非，曰义。〔《易传·系辞传下》第一章〕

对立面的相互作用产生了变化，而变化总是趋向合宜的时机。自然世界的"变"是自然的过程，不是人所造成的。人的有心参与，则是"动"。变通属于人的主观努力，这种努力必须符合客观事物的变化规律，懂得这个规律，又能主动适应变化的规律，采取正确的应变行动，就能促使事物朝着有利方向发展。而其中一个关键之处在于掌握改革的时机，这就是"变通者，趣时者也"。

四、成其变化

《系辞传》很重视"成其变化"的观念:

> 圣人有以见天下之赜,而拟诸其形容,象其物宜,是故谓之象。圣人有以见天下之动,而观其会通,以行其典礼,系辞焉以断其吉凶,是故谓之爻。言天下之至赜而不可恶也,言天下之至动而不可乱也。拟之而后言,议之而后动,拟议以成其变化。
>
> 〔《易传·系辞传上》第八章〕

所谓"圣人有以见天下之动",这个动也是指变动;而"观其会通",亦包含有通变的意义在其中。更重要的是,《易传》提出"成其变化"的观念,这就是说,人利用《周易》的体系,不仅为了模拟和了解世界,更在于成就世界的变化,体现了人的主观能动性。换言之,既要通其变化,又要成其变化。这样才能建立功业。

《易传》在另一个地方也说:

> 大衍之数五十,其用四十有九。分而为二以象两,挂一以象三,揲之以四以象四时,归奇于扐以象闰;五岁再闰,故再扐而后挂。天数五,地数五,

五位相得，而各有合。天数二十有五，地数三十，凡天地之数五十有五，此所以成变化而行鬼神也。〔《易传·系辞传上》第九章〕

这是说《周易》的卦象数理体系，就是为了成就变化，以配合宇宙的规律。这里的行鬼神，并没有宗教的意义，而是指宇宙运行的奥妙。

《系辞传》还指出：

乾之策，二百一十有六；坤之策，百四十有四。凡三百有六十，当期之日。二篇之策，万有一千五百二十，当万物之数也。是故四营而成《易》，十有八变而成卦，八卦而小成。引而伸之，触类而长之，天下之能事毕矣。显道神德行，是故可与酬酢，可与佑神矣。子曰："知变化之道者，其知神之所为乎？"〔《易传·系辞传上》第九章〕

所谓"神"就是推动变化发生的根源，也就是变化的发动者、主导者，其实就是变化的根据和原因。神之所为，也就是"变化之道"，探索神之所为，与求知变化之道，是同一个意思。"知变化之道"是《周易》的主题和宗旨。

神以知来，知以藏往，其孰能与于此哉？古之聪明
叡知，神武而不杀者夫。是以明于天之道，而察于
民之故，是兴神物以前民用。圣人以此齐戒，以神
明其德夫。是故阖户谓之坤，辟户谓之乾；一阖
一辟谓之变，往来不穷谓之通；见乃谓之象，形乃
谓之器；制而用之谓之法，利用出入、民咸用之谓
之神。〔《易传·系辞传上》第十一章〕

易的作用就是开通人们的心思，去理解世界的变化，
消除心中的疑惑。一开一合就是"变"，往来不断就是
"通"，对立面的交互替代就是变，进程的反复连接就
是通，"变"与矛盾对立及其转化有关，"通"则联系
着不断的流行过程。

是故《易》有太极，是生两仪，两仪生四象，四象
生八卦，八卦定吉凶，吉凶生大业。是故法象莫
大乎天地，变通莫大乎四时，县象著明莫大乎日
月，崇高莫大乎富贵。备物致用，立成器以为天下
利，莫大乎圣人。探赜索隐，钩深致远，以定天下
之吉凶，成天下之亹亹者，莫大乎著龟。是故天
生神物，圣人则之；天地变化，圣人效之；天垂
象，见吉凶，圣人象之。河出图，洛出书，圣人

则之。《易》有四象，所以示也；系辞焉，所以告也；定之以吉凶，所以断也。〔《易传·系辞传上》第十一章〕

所以，四时既是变化的，又是流行不断的，四时的变化流行最明显地体现了变通的意义。天地是永恒变化的，而圣人的使命就是仿效天地的变化，掌握变化的法则，做出合理的决策。所以"变通"是人的社会历史实践中永远要把握的枢纽。用我们今天的语言来说，改革永远在路上。

是故形而上者谓之道，形而下者谓之器，化而裁之谓之变，推而行之谓之通，举而错之天下之民谓之事业。〔《易传·系辞传上》第十二章〕

《系辞传》这里又提出了一个重要概念，这就是"化而裁之谓之变，推而行之谓之通"。按这个思想，"变"意味着裁，即中断、改变，而"通"意味着行，即连续、贯通的过程。变通就是二者的统一。

圣人有以见天下之动，而观其会通，以行其典礼，系辞焉以断其吉凶，是故谓之爻。极天下之赜者存乎卦，鼓天下之动者存乎辞，化而裁之存乎变，推而行之存乎通，神而明之存乎其人，默而成之，不言而信，存乎德行。〔《易传·系辞传上》第十二章〕

《系辞传上》第十二章在重复了第八章的语句的同时，增加了对"化而裁之谓之变，推而行之谓之通"的再次强调。这个思想在人世的应用，意味着改革应该是中断与连续的统一，措之于天下之民的事业，必须要兼顾非连续性与连续性二者的统一，才能真正取得合理的、符合民众要求的效果。那种休克式改革，正是忽视连续性、渐进性，只偏向裁断的非连续性的改革思维。

五、损益乃革

最后，让我们来看《易传》对变革思想的阐发。先来看有关损益的思想，损益就是古代对社会渐进变革的表达。

《杂卦传》说：

损、益，盛衰之始也。

说明损益的概念不仅应用于变化的自然界，更多的是用于人类的历史变化的概念。

《论语》中记载孔子和弟子子张的对话：

> 子张问："十世可知也？"子曰："殷因于夏礼，所损益可知也；周因于殷礼，所损益，可知也；其或继周者，虽百世可知也。"〔《论语·为政》〕

"因"是传承，但传承中有损有益，这是传承中的变化、改变。孔子认为，夏商周三代之礼一脉相承，但每一代对前一代都会有所改变，有所调整，有所增减。所以，在这个意义上，损益表达了人的主观努力，而不是自然界本身的变化。

损益也就是变化，所以：

> 子曰："齐一变，至于鲁；鲁一变，至于道。"〔《论语·雍也》〕

这里的变，带有进步的改变之意。当然，并不是所有的改变都具有历史的进步意义，但有些改变确实是推动了历史的进步。四十年来的中国改革就具有明显的进步意义。

《易传》特别强调损益与"时"的关系：

> 损益盈虚，与时偕行。〔损－象传〕

或损或益，要依据时势的变化，顺应时势的变化而进行。这个时势，对于我们所生活的世界而言，就是世界发展变化的大趋势，世界发展变化的大潮流；跟上世界发展的大潮流，追赶世界现代化发展的合理化，而不是固守自己的主观意志，这就是"损益盈虚，与时偕行"，这就是改革的思维。

> 天下随时。随时之义大矣哉！〔随－象传〕

所以，随顺时宜，具有特别重要的意义，所谓随顺时宜，就是指随着时宜而不断变化，不断调整，天下万物，无不如此。随顺时宜，和与时俱进，意思是相同的。

> 艮，止也。时止则止，时行则行，动静不失其时，其道光明。〔艮－象传〕

这里的时都是指时机，人的行动必须注意时机，时机该行动就要行动，时机该停止就要停止。这是对改革的实践而言，因为有的时候，改革的时机的选择，比改革的决心还重要。

> 日中则昃，月盈则食，天地盈虚，与时消息，而况于人乎？况于鬼神乎？〔丰－象传〕

"天地盈虚，与时消息"，与"损益盈虚，与时偕行"的意思是一致的，这里强调，与时消息，不仅是自然的变化如此，人的活动事业也是如此，有消有息，一切事物都会随着时间推移起伏变化消长，宇宙中的一切都是如此。

> 神农氏没，黄帝、尧、舜氏作。通其变，使民不倦；神而化之，使民宜之。易，穷则变，变则通，通则久。〔《易传·系辞传下》第二章〕

照《系辞传》的看法，人类文明社会有史以来，就是在变通中不断发展的，从黄帝到尧舜，都是为了人民的方便，进行了变化、改革，无论在制度上还是器物上，都加以变通。"神而化之"，实际上是指创造性的变化。从这里，《易传》做出了哲学的论断：所谓易道，就是**"穷则变，变则通，通则久"**。事物发展到极点就会变化，变化才能使发展通达无碍，这是事物发展的客观规律。而人们在实践中，也必须在事物发展的节点上主动地推进变革。

相比于"损益"代表的渐进改变，"革"代表剧烈的改变。

> 或跃在渊，乾道乃革。〔《易传·文言传·乾文言》〕
>
> 革，去故也；鼎，取新也。〔《易传·杂卦传》〕

革代表变革的原理，去除一切旧的东西；鼎代表趋新的原则，迎取一切新的东西。革也是天道的内涵之一。革卦的象传说：

> 天地革而四时成，汤武革命顺乎天而应乎人。革之时大矣哉！〔革－象传〕

从天地来说，四时的迭相取代，就体现了革的意义，在时间的过程中，后者对前者的取代，就是革。没有这种革，就没有四时。从人事来说，商汤代夏，武王伐殷，都体现了革的意义，故《易传》称之为"革命"。《易传》的作者认为，变革的意义，和变革的时机，都需要特别重视，这对于革命，更是关键。可见《易传》的变革思想，既关注渐进性改革，也肯定根本性变革，乃至革命，这也是周易思想内涵的必然结论。

由以上所述可见，《周易》中包含了丰富的变革思维，它主张世界本质上是不断变化的，人必须通晓世界的变化，才能认识世界；人不仅要认识这个变化的世界，还要推动变化的过程，成就这个世界的变化。人必须与世界的变化相配合，形成自觉的变化观，才能更深的理解世界，实现自己的目的。人的历史实践，既有损益的渐变，也有剧变式的革命，而人类大部分的活动，是通过改革实现制度和自我的不断更新，以促进人类生活的繁盛发展。《周易》的变易哲学不仅在历史上曾经是社会改革的理论依据，也是中华民族实践智慧的重要内容。

（谨以此文纪念改革开放四十周年，写于 2018 年国庆）

周文化与儒家思想的根源

齐鲁文化的产生，不是一个孤立的事件，它是内在于整个中华文明发展进程，并且不断形成发展起来的。所以，一方面，它跟整个中华文明的演进有关系，另一方面，又对中华文明的总体发展做出了自己的贡献。这是我们今天研究了解齐鲁文化的一个基本观点，就是说我们对齐鲁文化的研究，要把齐鲁文化的形成、发生、发展，追溯到它在整个中华文明进程中总体的关系和联系中来考察。孔子在齐鲁大地创立了儒家学派，但是儒家思想之所以能够发生，它之所以能在汉代以后占据中国文化的主流，或者主导的地位，一个很重要的原因，就是因为儒家思想本身不是孤立地在齐鲁大地上产生的，它本身是中华文明三代以来发展的产物。这不是仅仅从历史进程的结果，或者历史过程中的一个中间现象来讲。因为儒家思想是接续着三代文化的传统，甚至可以说儒家是自觉地接续了三代文化的主流传统而产生形成的。儒家思想的一些要素不是仅仅从孔子才开始出现，它在三代的发展中已经逐渐出现，特别在西周，它有成型发展为整个文化有规范意义的代表的趋向。儒家和孔子的思想借以发展的大量思想资料，其实在西周到春秋时代，已经充分地展示出来，而西周的思想和文化，又是以夏商文化历史发展的过程作为背景和基础。西周时代可以说是中国文化的文化模式和文化趋向开始确定成型的时期，而孔子以前的那些儒家思想的要素，正是参与了这个过程的建构，促成了中国文化模式的确定形成。因此，我们一定要联系三代以来的中国文化发展，特别是西周文化的发展，来考察儒家思想的起源，来了解儒家思想的文化根源。

一、近人"原儒"

在讲近人的原儒工作之前，我们先回顾一下汉代许慎《说文解字》对"儒"字的解释，许慎说，"儒，柔也，术士之称，从人需声"❶，这个定义是说，"儒"

---

❶ 许慎：《说文解字》，中华书局 2013 年，第 159 页。

这个字本意是柔和，但是作为一个名词，它是指术士而言，所以又说儒为术士之称。

近代，其实从晚清开始，就出现了一个原儒、说儒的学术动向，代表人物就是章太炎。章太炎《国故论衡》有一篇就叫《原儒》，推原儒的原起，他说，"儒之名盖出于需"，又说，"需者，云上于天"[1]。《周易》需卦的卦象是上坎下乾，坎为云，云在天上，有待时降雨之象。章太炎说，"需者云上于天，而儒亦知天文，识旱潦"[2]，就是说儒在古代懂得天文，知道什么时候下雨，什么时候发大水。章太炎又说，"灵星舞子，吁以求雨者谓之儒"[3]，灵星本来是一种保佑农业的星辰，地上的人们经常要祭祀灵星，来保佑农业的收成。灵星舞子就是在这个祭祀的仪式上跳舞求雨的人，这样的人叫作儒。可以看出，章太炎对儒的解释和对儒的起源的这种推测，其实是接着许慎的思想而来的。因为许慎认为儒是术士之称，这个术士是指一切有术之士，章太炎的论证，就把这个术士局限为一种知晓天文气候、作法求雨的术士。所以，在这种理解里面，

---

[1] 章太炎：《国故论衡》下卷《原儒》，上海古籍出版社 2003 年，第104 页。

[2] 同上。

[3] 同上，第 105 页。

术士的术实际上就是广义的一种法术，而不是先秦讲的道术，最早的儒就是法术之士，这种法术之士在古代就相当于祝史、史巫。章太炎的这个观点表面上是顺着许慎的讲法，是在讲儒字的训诂，但其实他是用这种训诂的方法来讲儒家的起源问题。这个方法在近代以来的学术史上产生了重大影响，这是近代关于原儒说儒的第一种说法。

第二种说法以胡适1934年《说儒》为代表。胡适的《说儒》也是在推原儒士儒家的源起。《礼记·儒行》篇里边有一句话说孔子"冠章甫之冠"，在墨子的《公孟》篇里边也说公孟子"戴章甫"，冠章甫、戴章甫都是指当时戴着一种礼帽，它是依据于古礼而戴的一种帽子。《仪礼·士冠礼》说"章甫，殷道也"，章甫这种帽子，它的根源是殷商的礼。既然孔子和孔子的后学公孟都是戴的从殷礼而来的章甫，胡适就断定最早的儒应该跟殷有关系，是殷的遗民，这些遗民是殷人的一个特定的集团转化出来的。什么集团呢？就是殷商时代的祝宗卜史。祝宗卜史是履行当时的神职职能的官员，这些人来源于殷朝，到西周以后一直到春秋时代，就以治丧相礼为职业。因为他们原来懂得殷人的古礼，到了西周就帮助人做丧事、行礼节，这是他们的职业。这是胡适的看法。与章太炎注重发明许慎"术士"的观点相比，胡适特别注重发明许慎"儒柔也"的观点，他认为作为殷遗民的儒，就是以柔逊为特征。这其实没有历史根据，只是胡适的推测：殷朝的遗民，到了西周初期的时候，他们是亡国的遗民，因此他们的人生态度就是柔逊、顺从，那么这些人在西周的几百年里，就成了一个特殊的阶级，帮助贵族阶级来做礼，相礼就是帮助他们来行礼，这些人是统治阶级的下层一部分。胡适认为这些人也是保持其民族礼节的一种人，民族礼节就是殷人的礼节。所以，在胡适看来，儒是什么呢？儒就是西周的那些保存了殷人的礼仪礼节的遗民。由于他们是亡国的人，所以在新的西周国家里，他们就养成了一种柔逊的遗风，这就体现为儒的风貌。胡适认为这样就可以解释为什么许慎说"儒柔也"，也可以解释为什么"儒"戴的帽子是殷人古礼的帽子。这是胡适"说儒"的观点。

当然，胡适的这个讲法在当时也受到了一些挑战和批评。比如冯友兰先生，他就指出胡适引用的《墨子》里边的"公孟"，那个故事里边有个下文，就是墨子讲公孟"法周而未法夏，子之古非古也"（《墨子·公孟篇》），就是说公孟效法的其实是周礼，而不是古礼，尽管他戴的是章甫帽。公孟子有个特点就是强调古言古服，喜欢说古代的那些话，穿古代的那些衣服，但是墨子说，你的这些古言古服，其实是法周的现象。如果从这点来看，墨子当时的明确认知，就是公孟子的古言古服其实是周言周服，并不是殷礼。这样，孔子和公孟子冠章甫不是法殷法夏，而是法周。实际上，孔子自己也讲他是"从周"，追求和效法的是周礼，那么公孟子作为孔子的门徒当然也不是要做殷文化的遗民。这是冯友兰先生对胡适的反驳❶。同时冯友兰先生指出，儒和儒家是两个概念，章太炎先生和胡适在这个问题上好像把这个问题混淆了。儒是古代的一种有知识、有学问的专家，他们散在民间，帮助人家教书和相礼，这是古代的儒；而儒家是一种思想体系，这个体系的产生，并不能从儒这种教书相礼的职业得到说明。

　　以上章太炎和胡适的说法，是近人原儒的主要的代表性说法。章太炎的说法，后来也有个别学者给予了支持。1975 年，古文字学家、四川大学的徐中舒发表《甲骨文中所见的儒》❷，他认为甲骨文中已经有了儒字，这个儒在商代是一种卿士，卿士中主管相礼事务

---

❶ 参见冯友兰：《原儒墨》，载《三松堂全集》第 11 卷，河南人民出版社 2000 年，第 287 页。

❷ 徐中舒：《甲骨文中所见的儒》，载《四川大学学报（哲学社会科学版）》1975 年 04 期。

的就叫儒，徐中舒认为在甲骨文中，就把它写成"需"字，也有的加了三点水，他认为这是象征着用水来沐浴身体，就是相礼的官员（儒）在从事礼节前，一定要先沐浴。这种看法应该说是对章太炎把儒说成是一种术士的一种文字学支持。但是甲骨文里这个字，到底是不是一个"需"字，如果说它是"需"字的话，在西周的金文里边却找不到"需"字这样的用法，因此徐中舒的这种沐浴相礼说，即使在文字学界，也没有得到大多数人的接受。

从方法上来说，以上两种有关于原儒、说儒的讲法，一种是语学的，一种是史学的。史学的方法注重制度职官的发生变化，文字语言学的方法注重考释文字的源流。大略地说，史学的研究方法，其结论是说孔子以前就有一种儒，这种儒教授礼乐知识，是一种职业，这种职业是从西周执掌礼仪典籍的官员转化来的。文字语言学的方法，着重于解释春秋时代传授礼乐为职业的人为什么叫儒，认为从商代开始，就已经有这种"儒"的身份。那么，通过这两种方法提出的问题，我们可以看到，就近代以来的原儒研究，基本上是集中在职业的类型和职业的名称上。虽然这两种方法也取得了一定的有意义的成果，但是如果我们从思想史的角度看这个问题，应该说，这两种说法大都没有涉及儒家思想本身的来源。如果我们借用冯友兰先生的分疏，可以说，这些都是在讲"儒"字的起源，并没有尝试在根本上来挖掘儒家作为一个思想体系的起源。换句话说，这些研究不管是语学的还是史学的，由于它采用的不是思想史研究的方法，所以它取得的成果还是有限制的。思想史的研究需要借助语学和史学的研究，可是思想史有自己一种独特的视角和方法，来处理思想文化的问题。如果从思想研究的立场上来看，我们就会提出：仅仅相礼的职业就能产生孔子的思想吗？或者仅仅从术士或者巫师就能产生儒家思想吗？这点胡适早年也指出，《汉书·艺文志》讲王官之学，说诸子百家都起于当时的某种王官，他认为这个讲法没有根据，学术思想的产生、发扬、衰亡并不能由官职来说明。如果说儒家思想是出于一种王官，那成周小吏的贡献还超过了孔丘、老聃、墨翟？胡适觉得这太不可思议了。胡适认为思想的产生，是来自于时代和社会的变化，不是来自古代的某一种官职。应该说，这个提法还是有针对性的。当然，胡适也忽视了另一方面，就是除了时代和社会的变化对思想的产生有重要意义，另外还有思想的传承和文化的传统的作用，忽略了这个因素，也是不全面的。

二、周书之天

在《尚书》中,《周书》占了主体的部分,《周书》里"天"的概念非常重要, 对后来儒家思想的产生、儒家思想品格的形成,都起到重要的决定性作用。古人认为,《周书》表达的多是周公的思想。联系后来的儒家兴起来看,《周书》有这样一些命题比较具有代表性,如《康诰》里面讲"惟命不于常",就是说天命无常,天命不是永远不可变易的。《康诰》说"天畏棐忱,民情大可见",《酒诰》说"天非虐,惟民自速辜""无于水监, 当于民监", 这几条都强调民的重要, 要了解天, 先要了解民, 要通过民来了解天, 通过民情来了解天命。不仅如此, 在天命无常的前提下,《周书》特别强调"德"的观念。如《多方》说"明德慎罚", 这是讲国家治理的方法和模式, 就是少用刑罚, 要多用道德的手段, 所以《梓材》里边也讲"勤用明德"。"明德"换一个说法, 又叫"敬德",《召诰》说"惟不敬厥德, 乃早坠厥命", 如果不敬德的话, 就会失去上天给你的权命。前面讲"唯命不于常", 也有这个意思, 这个命不是我们普通人的命, 而是一个政权接受了天命才能够出现, 但是天命赋予某一个族姓, 不是永久的, 要看其表现, 如果表现不好, 上天就把这个原来赋予的命收回去。因此，一个政权要想获得天命护佑，长期存在下去，一定要"明德慎罚"，要"敬德""保民"。《康诰》里面也讲"用康保民"，安保人民是治国理政的基本理念。这些治国理念、政治思想不是凭空提出来的，而是"监于有夏""监于有殷"，通过总结分析夏商的历史经验、政治得失、历史成败得出来的结论。

如果仅就治国理政这个基本价值来讲，"敬德"和"保民"在西周的政治文化里边特别突出，这些可以说都是周公比较明确表达的思想。在《周书》里边还有一些（包括《尚书》其他篇里）接近于周公所表达的这类思想，比如说"惟人万物之灵"（《泰誓上》），强调以人为本、以人为贵；又如说"民之所欲，天必从之"（《泰誓上》），认为人民的欲望意志，上天没有不遵行、不履行的。《泰誓中》还说，"天视自我民视""天听自我民听"，在商周的时代，天是最高神、主宰之神，但是作为最高神的天没有自己独立的意志，没有独立的视听，而是"自我民视""自我民听"，天对这个世界的听觉视觉都来自于人民。这种观念后来在儒家思想里不断被重复。相对来说，商代的天没有这样的观念，它会特别保佑商代帝王一族一姓，但是周代更加强调"皇天无亲，惟德是辅"（《蔡仲之命》），没有什么亲戚，谁有德就辅助谁。从这些思想出发，《周书》提出很多优秀的政治文化理念，像"崇德象贤""克慎""克勤"（《微子之命》），"以公灭私""居宠思危"（《周官》），等等。这些治国理念在后世儒家思想里面也一直有延续。

《周书》里边有很多思想，在先秦诸子书中也有印证，如《孟子·万章上》就引用《泰誓》"天视自我民视，天听自我民听"，可见在孟子时代已经流传着这种思想。《左传·襄公十一年》就引用说《书》曰"居安思危"，这源于《尚书·周官》所说"居宠思危"。《左传·襄公三十一年》，穆叔也引用《泰誓》云"民之所欲，天必从之"；到了昭公元年，郑国的子羽也引用了《泰誓》这句话。《左传·僖公五年》引《周书》曰"皇天无亲，惟德是辅"。可见，《尚书》特别是《周书》里面的很多思想，在先秦诸子书里面，都被反复引用过。这种思想，可以说是一种天民合一论，表现了一种新的天命观，它在周代相当流行。

如果进一步追本溯源，《尚书》中夏书、商书等先周古书里其实也有类似的有关思想。如《尧典》里边讲"克明俊德"，这跟周人的明德思想就接近了。《皋陶谟》里面讲"天聪明，自我民聪明""天明畏，自我民明威"，这跟《周书》里所说"天视自我民视"都是很接近。又如注重保民、注重民意的思想，《商书·五子之歌》就提到"民惟邦本"。《汤诰》里面讲"天道福善祸淫"，这也是"皇天无亲，惟德是辅"的思想。《伊训》里面说"惟上帝不常，作善降之百祥，作不善降之百殃"，这也是讲天命无常、惟善是从的思想；《太甲中》说"天作孽犹可违，自作孽不可逭"，逭就是逃的意思，自作孽不可逃。《太甲下》说"惟天无亲，克敬惟亲""民罔常怀，怀于有仁"，《咸有一德》说"天难谌，命靡常""常厥德，保厥位"，等等，这些思想跟《周书》天民合一的思想都是接近的。当然，夏书、商书里面这些关于天民关系的论述，也可能是西周思想的表现，不一定都是夏代和商代的原著，而是经过周人的思想的改造，所以也体现了很多周人的思想，这些文献应该是西周的史官把古旧的文献与当时周代的思想加以糅合形成的。

《尚书》里面西周的这些思想，有大量后来被儒家思想所继承的成分，尤其是在天、天命、民的理解上。当然，以周公为代表的《周书》的这些思想实际也代表了对上古政治思想和政治智慧的一种总结和发展，其中有些观念应该说它的来源是相当古远的。所以，在这个意义上，《周书》周公的这些政治思想也是对上古以来政治思想的一个集大成、一种新发展。以上所说《周书》之天，这个天主要表现为一种宗教观念和政治思想的内容。如果我们从天的宗教的角度来讲，它有三点是特别重要的，第一就是天命无常，第二就是天命惟德，第三就是天意在民。儒家思想从孔子创立以后，就自觉地传承六经，六经的思想就是儒家思想的主要来源，而在六经中特别是《尚书》的政治思想和宗教思想，是儒家思想的直接来源。以《周书》周公为代表的《尚书》思想，对后来孔子和早期儒家思想的形成有重大影响。

三、周礼之教

所谓周礼之教，主要是讲周礼里面反映的德教、德政思想。"教"注重的是教化，在《尚书·舜典》里记载舜命令契去做一件事，舜帝说，"百姓不亲，五品不逊，汝作司徒，敬敷五教，在宽"，就是让契担任这个司徒的职务，去敬敷五教，发布五教，施政的尺度在宽。百姓不亲，五品不逊，这都是讲当时的人伦关系不和谐。那么敬敷五教的具体内容是什么呢？《孟子·滕文公上》说，"圣人有忧之，使契为司徒"，这个圣人讲的就是舜，圣人对人伦关系的不满意，产生了忧虑忧患，就让契去做司徒，教以人伦，具体内容就是"父子有亲，君臣有义，夫妇有别，长幼有叙，朋友有信"。照这个说法，《舜典》"五品不逊"应该就是五种人伦关系，父子、君臣、夫妇、长幼、朋友。五教就是五种人伦关系的规范准则，就是让父子、君臣、夫妇、长幼、朋友这五种人伦关系要有一些准则来规范它。这是《孟子》对《舜典》历史叙述的一个很好的说明。

其实《左传·文公十八年》对这个问题也有交代，也讲得很清楚，说"舜臣尧……举八元，使布五教于四方"，舜让他的下属布五教于四方，就是前面讲的"敬敷五教"，下面说"父义，母慈，兄友，弟恭，子孝，内平外成"。关于五教，《左传》与《孟子》的叙述有一些差别，《左传》讲的五教完全是家庭道德，而《孟子》里面讲到君臣。《左传》五教，有可能比《孟子》更接近五教的原始意义，主要强调的是家庭、家族的道德伦理。到《孟子》时代，加上政治伦理、社会伦理，才强调君臣有义、朋友有信。如果在舜的时代，他确实曾经命令契去颁布五教，那么其文化意义非常重大，相当于在基督宗教文化里面的摩西十诫，甚至不在摩西十诫之下。后来在《周书·康诰》里，周公举出了那些违反道德的最严重的几种现象，他叫作原恶，也就是说"不孝不友""不慈不恭"，等等，也是把"孝、友、慈、恭"作为主要的道德规范，与《左传》讲的五教是一致的。这说明在西周，甚至在西周以前，作为家庭道德的五教，已经成了当时最重要的道德德目。这是周代的德教德政的根源。

当然，讲周礼之教，首先还是要看《周礼·地官司徒》，司徒作为官职主要就是负责德教、教化，其中讲到六德六行，说"一曰六德，知、仁、圣、义、忠、和""二曰六行：孝、友、睦、婣、任、恤""三曰六艺，礼、乐、射、御、书、数"。六德、六行、六艺，合起来叫乡三物。《大司徒》就讲"以乡三物教万民"。六德、六行、六艺，其实就是早期儒家教人的主要内容。在《地官》其他的一些职官所负责的职能里，也可以看到类似的德教。如《地官》的《师氏》就讲以"三德教国子"："一曰至德，以为道本，二曰敏德，以为行本，三曰孝德，以知逆恶"；"教三行，一曰孝行，以亲父母；二曰友行，以尊贤良；三曰顺行，以事师长"。"遵贤良，事师长"属于政治伦理，不是一般的家庭家族伦理了，但是"孝行，亲父母"还是家庭伦理。所以《师氏》以三德教国子，不仅有三德，还有三行，这都是《周礼》教的内容。《大司徒》里面其实也有"教"，不只有德和行，还强调有十二教，如说

"一曰以祀礼教敬，则民不苟"，用祭祀的礼节礼仪，来教化民众，人民做事就比较严谨。所以，礼是教民能够有一种敬的态度，祭祀的对象并不是唯一重要的，而是要用祭祀的礼来教化民众，能够树立敬的观念、敬的伦理、敬的道德，这样人民做事就不苟。这是第一条，然后还说"二曰以阳礼教让，则民不争""三曰以阴礼教亲，则民不怨""四曰以乐礼教和，则民不乖"。礼的核心就是让道，要懂得敬让，这样民就不会发生争端和争执。周代的礼乐文化，礼在广义上是包含乐的，所以除了教民敬、教民要让，还要教民亲和，人民之间、人民和统治者之间要亲和，没有怨气。"以乐礼教和，则民不乖"，这已经是一种性情上的平和，经常用乐礼来教化人民，人民性情就不会乖张，就会变得顺和。这些都属于在礼的范围内，所施行的教化内容。"教让""教亲"等都是用礼乐教化来使礼乐本身能够发挥道德伦理的功能。所以，西周所讲的礼包括乐，跟后世所讲的是不一样的，它本身带有强烈的伦理目的，要实现伦理效能。这些跟早期儒家所讲的礼乐教化精神是一致的。《地官·大司徒》接着还说，"五曰以仪辨等，则民不越"，礼仪是教给人们要知道有等级，不能够随便超越等级；"六曰以俗教安"，礼俗能使人民安心。礼俗如何安民？《大司徒》说以"本俗六安万民"，有六种方法来安民，其中第二个说"族坟墓"，一个家族要有共同的墓地；第三个是"联兄弟"，兄弟要联合，"四曰联师儒""五曰联朋友"。"联师儒"就出现了儒这个概念。《易经》、《书经》《诗经》里面都没有出现儒字，但是在《周礼》十二教里面出现了"联师儒"。联就是合的意思，合在一起的意思。关于师儒，东汉郑玄说是"乡里教以道义者"❶。道当然是普遍的道理，义是指那些具体的礼乐技能。唐代贾公彦认为师儒是"致仕贤者，使教乡闾子弟"❷，就是已经不做官的官员，回到乡里来教化子弟。于此也可见，在西周春秋，有不少官职所执掌的职能都跟教化有关系，而且是通过礼和礼乐来进行教化，这些都是西周周礼之教的反映。周礼之教化系统是以若干职官为载体的，不只是某一个职官，不仅仅是司徒，还有其他相当多的职官，它们共同构成西周的行政教化传统。这个教化传统，由这些职官所执掌，应该说这些也是后来儒家思想来源的一部分。

"儒"字在《周礼·天官》讲太宰之职里也出现过，其中说"以九两系邦之民：一曰牧，以地得民；

---

❶ 孙诒让：《周礼正义》（第3册）卷十九，陈玉霞、王文锦点校，中华书局1987年，第748页。

❷ 同上，第750页。

二曰长，以贵得民；三曰师，以贤得民；四曰儒，以道得民"，这里"师""儒"是分开的，师儒是两种身份。儒跟牧、长、师、宗一样，它并不是一个特殊的职官名称，它类似于一种社会职业身份的类型，钱穆称其为流品。郑玄认为这里"师，诸侯师氏，有德行以教民者；儒，诸侯保氏，有六艺以教民者。"在《太宰》的叙述里，牧、主等都是以他的特权身份或者管理身份使人民来接受其统治，但是师和儒，不是用他的特权身份，而是以他的修养、学识和德行，得到民众的信赖，使他们得以展开教化。照汉人以及清人的解释，师、儒在这里就区分开来了，师是特别强调有德行，儒特别强调有术艺。在战国，儒是思想流派之一，我们在社会层面上，并没有看到有这种跟师不同的"儒"。因此，《周礼》所讲的这种作为职业教化者的师和儒，应该不是战国时期流行的情况，也不是战国时候的一种编造，应该是在春秋时代出现的（如果不是西周的话）一种状况。

除了大司徒、师氏，在整个西周的德教体系里，专门负责教育国子的，还有大司乐、保氏、大司徒，等等。汉人说儒就是保氏，那保氏管什么呢？《周礼·地官·保氏》说保氏的职能是："养国子以道，而教之以六艺，一曰五礼，二曰六乐，三曰五射，四曰五教，五曰六书，六曰九数"，强调的还是礼乐射御书数。此外，保氏还"教之六仪"，包括祭祀之容、宾客之容、朝廷之容、丧纪之容、军旅之容、车马之容，等等。西周的国子教育，六仪六容，和三德三行、六艺是贯通的，这些跟早期儒家教学的内容，也是相合的。《保氏》所教的六仪六艺，在孔子的教学活动里面，确实是有广泛的体现。因此，可以说前孔子时代，就已经有了一种儒，这种儒的身份是表示对六艺六仪具备专门的知识，可以教育教化当时的国子和民众，同时他也可以应别人的要求，来咨询和相助礼的操作。所以，如果我们说《周礼》里面包含有儒家思想的来源和基础，就是说从《周礼》所记载的整个西周国学乡学的教育传统及乡政的教化传统里面，都可以看到很多明显的例子。

四、周文之德

在《国语》《左传》里出现了几个重要的观念，第一是《国语·周语上》讲"先王耀德不观兵"，又说"非务武也"，先王把德作为最大的光耀，而不是把兵力军力作为他追求的东西。"耀德不务武"反映了当时德政的基本理念。在春秋时代，战争是国家最大的事，所谓"国之大事，在祀与戎"（《左传·成公十三年》）。可是，在周代的文化里面，虽然大家把战争看成头等大事，但是从价值的理念来讲，不追求炫耀武力兵力，而是要强调耀德，强调德行的光芒。所以《左传·庄公八年》讲"务修德以待时"，不能追求武力，务修德以等待时机，重视德政，一定要以修德为主；然后又说"务德而安民"（《哀公十年》），务德的目的是安民；还说"以德和民"（《隐公四年》），都是追求道德的领导、道德的教化。一方面安民，使民能够得到安养，同时"以德和民"，使社会大众和谐相处。在对外关系上也是如此，"以德绥诸侯，谁敢不服？若以力……虽众，无所用之"（《僖公四年》），前面把德与兵相对，这里把德与力相对，这跟后来《孟子》所讲的都是一致的，跟诸侯的关系，也要用德来处理，而不是以兵力、军力。所以贯穿内政外交整个理念，都突出了德的观念，这是很明确的。在西周的后期及春秋时代，这种因素越来越多。《左传·文公七年》还说"正德，利用，厚生"三件大事，相比早期"国之大事，在祀与戎"的讲法，这是一个非常大的进步。而且，"正德，利用，厚生"，把正德放在第一位，这也预示着以德治国的理念慢慢在萌芽，到孔子时代正式形成。所以讲周文之德，这个基本的治国理念这时已经树立起来了。

不仅仅是治国理念，个人德行方面也是如此。这些个人的德行不仅对于贵族适用，对于人民也适用。在整个周文里面，从西周到春秋，出现了很多关于个人德行的德目表。如九德说，《逸周书·宝典解》讲九德："孝、悌、慈惠、忠恕、中正、恭逊、宽弘、温直、兼武"；《逸周书·文政解》还提出了九行："仁、行、让、言、固、治、义、意、勇"，这两种九德代表了西周文化里强调个人德行的一面。另外，《国语·周语下》里有十一德："敬、忠、信、仁、义、智、勇、教、孝、惠、让"。在这个时代，有很多德目表，至少有十几种，每一种德目表列举的德行德目都不一样，但是都非常详细。每个德目表里，德目的重要性次序也不一样，这说明这个时代人们对德行非常关注，但是对于德行和德目，还没有一种统一的见解。什么德行是最重要的，这个序列有很多种排法。但无论如何，从西周到春秋，周文之德已经构成了周文化很重要的一个特点。其实，后来孔子所讲仁的观念，在很多地方都出现了，但是并不是每一个德目表都把仁放第一位，把仁义放在第一位。比如在九德系统里，是孝、悌在前面，《周语》十一德系统里是敬在前面。这些与后来孔子所创立的仁学，还是有区别的。因为在这些德目表里，仁只是众德之一，还没有明显地突出于诸德之上。

《国语·周语下》关于十一德的讨论意味深长，可以进一步探究。其原文说，"晋孙谈之子周适周，事单襄公，立无跛，视无还，听无耸，言无远；言敬必及天，言忠必及意，言信必及身，言仁必及人，言义必及利，言智必及事，言勇必及制，言教必及辩，言孝必及神，言惠必及和，言让必及敌；晋国有忧未尝不戚，有庆未尝不怡"。"谈"指晋襄公之孙惠伯谈，他的儿子叫"周"，后来做了晋悼公。"周"在继位以前，到周去侍奉单襄公。周朝大夫非常赞赏"周"，说他的德行非常完美。是不是晋悼公年轻的时候德行真的很完美呢？这个我们不必去论证，我们所关注的是当时人们要赞美一个人的德行完美，他用什么样的标准和什么样的德目表。上面那些赞美的话，实际上分三个部分，第一部分讲"四个无"，第二部分讲"十一个言"，第三部分讲了"两个未尝不"。"四个无"就是"立无跛，视无还，听无耸，言无远"，中间讲的十一言"言敬必及天，言忠必及意"，等等，最后是"两个未尝不"，他虽然在周天子身边，可是对晋国的事，非常关心。"四无"对德行的描述，相对来讲是外在的，就是站的时候双腿并直不弯曲，看的时候不会左顾右盼，听的时候从来不拉长耳朵，说话都是讲确信的事情，"不无远"意思是不好高骛远。第二部分"十一言"是对德行的描述，讲到敬，一定要表示对天的敬畏；讲到忠，一定要发自内心；讲到信，必须从自己身上做起；讲到仁，必施爱及于他人；讲到义，必能兼顾于利；讲到智，他重视处理事务，而不流于虚浮；讲到勇，必定有所约束；讲到教，必强调分辨是非；讲到孝，一定相信鬼神（古代讲孝，主要是直接对自己活着的父母，这里强调对死去的祖先，也一定要相信鬼神，孝及祖先）；讲到惠，一定致力于亲和；讲到让，即使对敌人也会先礼后兵。最后讲到对自己的国家，晋国有忧患，未尝不忧愁，晋国有喜庆，未尝不喜悦。如果我们光就德目来讲，这里有十一个德目："敬、忠、信、仁、义、智、勇、教、孝、惠、让"。当然，"立无跛，视无还"等虽然不是通过德目来讲的，但也是一种德行的描述。最后讲的其实是忧国爱国之心。如果把前面"四无"，及后面"有忧无偿无戚，有庆未尝不怡"合在一起，那么在这个论述里边，可以说一共提出了十六个德目。这个德目表在公元前六世纪的前期，应该是有代表性的，反映了周文之德的细密性。就个人德行而言，这是最全面的表达。

因为"周"身上有这么多美德，单襄公生重病的时候，对他的儿子单顷公就讲"必善待周，将得晋国"，然后说他"其行也文，能文则得天地"，就是他的德行总体来讲，达到了"文"。单襄公又展开说"敬，文之恭；忠，文之实；信，文之孚；仁，文之爱"，等等，把十一个德行都在"文"这个总德目下做了一个特殊的说明。最后又说"为晋休戚，不背本也。被文相德，非国何取"，认为有他这样德行的人，一定能做国君。在单襄公对"周"的评论里面，他还把第一部分"四无"变成德的语言来表达了，说"立无跛，正也；视无还，端也；听无耸，成也；言无远，慎也"，就是说把前四点用"正、端、成、慎"四德表达出来。他把"周"对于晋国"两个未尝不"，合起来叫"为国休戚"。单襄公这个评价也是把前面四个换成了德行的德目，把最后两个合成了一个，一共提出了十六个德目，这十六个德目，就是"敬、忠、信、仁、义、智、勇、教、孝、惠、让、慎、成、端、正，为国休戚"，当然这十一德的内部可以分别，比如说"正、端、成、慎"，它对于十一德来讲，可能是带有辅助性。单襄公也说"慎成端正，德之相也"，带有辅助的意思。而其他的十一德，是他的基本德行。不管怎么说，在这个德目表里面，其分类非常完整细密。它既有"慎、成、端、正"个人的德行，又有"敬、忠、信、仁"之类的社会性德行，最后还有一个"为国休戚"，跟国族的兴旺发达忧患密切联系起来的政治德行。

我们最后要关注的，就是在单襄公的讲话里面，他把这些德行都纳入到"文"的概念，使"文"成为一个总的概念。"文"是德行的总名，每一个德目都是反映了"文"的某一个方面。在周代，从文王开始，对其文化本来就是用"文"来表达的。从周的立场来讲，它是把整个德行的总体，用"文"来把握。当然后来到了孔子，可以说把德行的总体换成了"仁"来表达。尽管如此，我们还是可以看到，孔子以后早期儒家的德行论是对西周春秋德行论的一种继承，西周春秋的德行论，为儒家早期的德行论奠定了基础。

结　语

古代不像近人有明确的问题意识，但是古人的有些讲法，在近人原儒的时候，其实被忽略了。章太炎用文字训诂的方法，把古人的很多论述全甩在一边。这里我们还是要回顾一下古人论儒的一些代表性讲法。

六艺说。《史记·太史公自序》中说"儒者以六艺为法，六艺经传以千万数，累世不能通其学，当年不能究其礼，故曰'博而寡要，劳而少功'。若夫列君臣父子之礼，序夫妇长幼之别，虽百家弗能易也"。太史公对儒的了解，是以六艺作为首要的基点，这是很重要的；其次他把"列君臣父子之礼，序夫妇长幼之别"看作是儒的最重要的社会功用。所以"以六艺为法"，也可以说是以六艺为体，"列君臣父子之礼，序夫妇长幼之别"，是其用，强调儒的社会作用功能，是要建立政治伦理的秩序。这是百家都不能够取代的社会效能。太史公这个讲法，虽然没有讲儒的原起、根源，但是他实际上包含了这样一种思想，因为他是以六艺作为把握儒学的一个基本点。这个讲法意味着儒家的出现兴起，是起于对六经的传承解释。

"述周说"。《淮南子·要略篇》说"周公受封于鲁，以此移风易俗。孔子修成康之道，述周公之训，以教七十子，使服其衣冠，修其篇籍，故儒者之学生焉"。这是说儒者之学的产生起源，是继承文武周公的王道政治传统。所以整个周文与周道是儒者之学的根源，那就是说，它不是像《太史公自序》里那样泛括六经，而重点强调六经中的周道、周文。

第三，"王官说"。《汉书·艺文志》以诸子百家皆出于王官，认为"儒家者流，盖出于司徒之官，助人君，顺阴阳，明教化者也，游文于六经之中，留意于仁义之际，祖述尧舜，宪章文武，宗师仲尼，以重其言，于道最为高"，这里以儒家出于司徒之官。这个说法最早见于刘歆《七略》。胡适不赞成这种讲法，他认为诸子思想主要还是反映时代和社会的变化。当然，胡适的说法也有一定的偏差，我们还是要看其文化的传承。"王官说"有两个特点，一是注重从教化的角度来分析根源，它不是从《周书》的政治思想，或者宗教观出发的，他是着眼在教化论，从这点来讲，这有其合理之处。另外，教化会涉及执掌教化的职官的功能，所以他提出司徒之官也有其一定的道理，只是他没有讲出司徒之官的功能与教化的明确关系，这就既忽略文化的传统，也忽略了西周以来的整个政教传统。在这个职官的执掌之下，几百年的政教的传统，没有明确表达出来。即便如此，"王官说"也有其一定的合理性。

近代的学者都是从《说文解字》出发，如章太炎发挥"术士"，胡适发挥"儒者柔也"，都忽视了《说文解字》之前，比它更权威的，像上面我们说的《史记》《汉书》以及《淮南子》的说法。这些说法都在《说文解字》之前，都有其合理性，如注重从六经的角度，注重从述周的角度，注重从教化的角度，这些都应该成为我们今天全面论述儒家思想根源的重要借鉴。

研究夏商周三代的文化发展历程，我们会得到一种相当明晰的印象：在春秋末期，孔子和早期儒家思想中，他们所发展的那些思想文化内容，不是在与西周礼乐文化及其方向对抗断裂中产生的。因为西方讲轴心时代，特别强调是在与前轴心时代相对抗断裂而产生的。但是在中国讲轴心时代，最大的代表孔子和儒家思想，他与前轴心时代的西周礼乐文化有一脉相承的连接关系。这跟西方思想史的发展是不同的，正如杨向奎先生在其关于宗周文明的研究著作里面指出的，他说，"没有周公就不会有传世的礼乐文明，没有周公就没有儒家的历史渊源；没有儒家，中国传统的文明就可能是另一种精神状态"[1]。最重要的就是，没有周公，就没有礼乐文明，也就没有儒家的历史渊源。他还讲"以德、礼为主的周公之道，世世相传，春秋末期遂有孔子以仁礼为内容的儒家思想"[2]，就是有了周公之道，才有孔子之道。周公之道是讲德礼，孔子儒家思想是讲仁礼。杨先生这些讲法相当精到。孔子对周公是倾心敬仰，后来荀子也把周公作为第一代大儒。

---

[1] 杨向奎：《宗周社会与礼乐文明》，人民出版社 1992 年，第 136 页。
[2] 同上，第 279 页。

这些其实都已经明确指示出儒家思想的根源。可以说，西周的礼乐文化就是儒家所产生的文化土壤，西周思想为孔子和早期儒家提供了重要的世界观、政治哲学、伦理德行基础。同时，西周的礼乐文化又是三代文化漫长演进的产物。

中国早期的上古文化，经历了巫觋文化、祭祀文化，最后发展为礼乐文化，从原始宗教到自然宗教，发展为周代的礼乐，以礼乐为主的伦理宗教，这些是孔子和早期儒家思想文化产生的深厚根基。再往前溯源，从龙山文化以降，经历了中原不同区域文化乃至周边区域文化的融合发展，在政治文化、宗教信仰、道德情感等方面，在这些不同的领域中逐渐发展出一种比较统一的精神，这个精神在西周开始定型。这种统一的精神，就是中华文化的精神气质。这种气质表现为崇德贵民的政治文化、孝悌和亲的伦理文化、文质彬彬的礼乐文化、天民合一的存在信仰。这些既是世界的，也是宇宙的，最后是远神近人的人本取向。西周时代开始，人本主义思潮得以发展，到了孔子"敬鬼神而远之"，形成远神近人的人本取向。因此，儒家思想是中华文明初期以来文化自身发展的产物，体现了三代传衍下来的传统及其养育的精神气质。因此，儒家思想与中国古代文化发展进程的内在联系，远远不是字源学研究把"儒"解释为商周的一种巫士、术士所能揭示。我们必须在一个综合性的思想文化研究中，才能把它展示出来。从这个角度来说，齐鲁文化是中华文化的一个灿烂的重要部分，但是它不是孤立发展的，它是内在于整个中华文明的历史进程而形成发展起来的，所以它的演进一方面紧密联系着中华文明的早期发展，另一方面又对中华文明总体的发展做出了重大贡献。

孔子的教育理念

当下我们讨论孔子的教育思想，往往有两个特点：一是，我们谈孔子的教育理念，就是在孔子的具体教育方法和教育观念之上，找到他教育思想里比较根本性的东西。二是，以往我们更多的是从"教"的角度关注孔子的教育思想，比如孔子的"有教无类"，就是不分对象来接受愿意受教育的人；具体的解释，就是孔子主张不分社会背景、不分家庭出身，不管贫富，只要愿意学习，孔子都接受。还有，比如《论语·述而》中讲"子以四教：文、行、忠、信"，说的是孔子教学生的内容。这些都是从"教"的角度，来理解孔子的教育思想。

基于这两点，今天我们从"学"的角度入手，来看孔子教育思想中那些重要的理念及其意义。

一、好学

以往，大家容易忽略孔子"好学"这一观念，也并没有把这一概念看作是孔子思想的一个重要基石。由于我是学哲学出身，所以大约二十多年前我在讲先秦儒学史的时候，就想到这一观念的重要性。为什么呢？我们知道，西方哲学起源于希腊，那么希腊哲学家如何理解"哲学"这一概念呢？他们认为，哲学就是爱智，爱智就是哲学的本质。以爱智为中心的西方哲学传统，对后来西方文化的发展起了重要作用。早在上世纪初，中国很多从事中西文化比较的学者就尝试找到一些概念，把中西方的学术传统做对比。比如，中国的哲学及其文化传统能不能找到一个概念来与西方的哲学传统——爱智做对比？有学者就表示，如果从儒家思想中找的话，儒家应该是"明德"。这应该说是一个有益的探索。如果从儒家的传统来讲，儒家两千多年的沿袭传承，将其概括为"明德"也是言之成理的。

但我在讲课的时候发现，"爱智"这一概念，如果从词的组成来讲，爱就是喜好；智是智慧，是与教育、学习有关系的。那么，在中国哲学中有没有与此相接近的概念呢？于是，我想到了孔子思想中常用的一个观念——好学，这个"学"就更直接地与教育、学习相关了。因此，我就对"好学"这一观念给予了关注。关注的结果就是我认为，"好学"这一观念绝对不是孔子思想中一个普通的概念，甚至可以说，"好学"是孔子整个思想里面具有核心意义的一个基础概念，是他整个思想的体系的基础。

因此，从孔子的教育思想来看待"好学"的意义，首先要明确这一概念在孔子思想中的重要性。

孔子特别强调道德教育、道德培养和道德实践，可以说这是儒家思想的一个特点，甚至可以说是一个本质。孔子出生于春秋末期，这一时代最重视的核心价值是忠和信，这两个字代表了春秋时代这个宗法封建社会对人们的道德要求。但是孔子讲："十室之邑，必有忠信如丘者焉，不如丘之好学也。"丘指孔丘，孔子的自称。这句话的意思是，即使只有十户人家的地方，一定能找到像我这样讲忠信的人，但一定找不到像我这么好学的人。孔子的意思即是说，在当时的社会，能够拥有忠信美德的人并不少见，而好学的人非常罕见。他拿自己举了一个例子，在孔子看来，好学是比忠信更难得的一种品质、德行。当然，在孔子的思想体系中，最高的美德是仁，我们不能说"好学"比仁更难得，但很明显，"好学"是一种难得的品质，这是孔子的一种看法。如果把"好学"也作为一个德行来讲，比起忠信之德，好学之德的指向是不同的方面。忠信指的是社会伦理层面，标志着人的美德德行；而好学主要面向的是一种教育活动。

这就是我们为什么要把"学"和"好学"的观念作为进入孔子教育思想的第一个阶梯和门槛。

举几个"好学"的例子。在《论语》中，有两次对话，第一次是孔子与鲁国的国君鲁哀公的对话，鲁哀公问孔子，你的学生中谁是最好学的呢？孔子说："有颜回者好学，不迁怒，不贰过，不幸短命死矣。今也则亡，未闻好学者也。"就是说，有一个叫颜回的学生好学，他从不迁怒于别人，也从不重犯同样的过错。不幸短命死了。现在没有那样的人了，没有听说谁是好学的。按照孔子的说法，直到他跟鲁哀公对话那个时代，除了颜回以外，他教过的学生再没有第二个好学的了，这也是非常罕见的。他对颜回的评价非常高，就因为颜回的好学。

还有一个对话，是季康子问孔子，季康子是鲁国的大夫，他也问孔子这个问题，"弟子孰为好学？"孔子的回答与回答鲁哀公的一样，说"有颜回者好学，不幸短命死矣，今也则亡"。

这两个例子说明，一是孔子对颜回好学的优点的称赞是一贯的；二是体现了孔子在教育方面对好学是非常重视的。

从以上几个例子中，我们可以感觉到孔子对好学的高度重视，也体现出了他教育思想中的另一面。这也是我们不采取从"教"的角度进入探讨孔子的教育思想，而是从"学"的角度切入的原因。

如果说，我们从"好学"观念入手，证明孔子对学作为教育基础的高度重视，那我们再来看《论语》的第一篇第一句话就更容易理解了。"学而时习之，不亦说乎？"《论语》是孔子的弟子所编，可是为什么他开篇不讲其他内容，单单把这句话编在了第一篇的第一句呢？我想应该是有些学生对孔子重视学的思想有着深切的体会，故而把这一句放在开篇也就不是偶然的了。

如果从这个角度读《论语》，那么很多篇章都可以重新做一些解释，强调学对孔子思想的意义，强调孔子重视学的意义。

比如，刚才讲"十室之邑，必有忠信如丘者耳焉，不如丘之好学也"，找不到像"我"这么好学的人了，这是孔子的自我刻画。另外，孔子还讲过"吾十有五而志于学，三十而立，四十而不惑，五十而知天命，六十而耳顺，七十而从心所欲，不逾矩"。这是他对自己一生的学术生命历程所做的总结。

如果我们重新从重视学的角度来讲个人学术生命成长的话，"志于学"就包含了好学的意思。志，也包含了好学之志，因此，三十而立、四十而不惑等这些都可以看作孔子志于学的结果，都是跟他的"学"联系在一起的；也可以说，从第二句开始都是在讲他自己好学，学在不同阶段所达到的一种结果和状态。因此，好学、志学是孔子思想发生学的一个起点，也是他学术生命的逻辑起点，还是孔子思想的一个重要基石。可见，好学、志学在孔子思想里是非常重要的。

前面讲到孔子把好学看成一种美德、一种德性。研究伦理学的学者可能会提出这样的问题：如果讲美德的话，智、仁、勇（《中庸》称之为"三达德"）不就是孔子所重视的吗？从这个意义上讲，是不是可以说好学不是孔子所重视的美德呢？

其实，美德有不同的种类。比如，借用希腊哲学家亚里士多德的美德理论体系，德性分为两类，一类是理智的，一类是伦理的。伦理的德性指的可以是智、仁、勇。我们不能只把伦理的德性看成是美德，还有理智的德性也应该受到关注。当然，这两种美德的生成与培养可能是不一样的。亚里士多德的美德理论给我们一个启示：古代思想家所提出的美德，不能只看那些伦理方面的，还要看伦理美德之外还提出了什么美德。

所以，这对于我们理解孔子的"好学"是不是一种美德也是一个启发，那就是美德不是单一的，它可以是跟教育有关系的其他类型的美德。

最后再举一例来看孔子对"好学"的强调，就是孔子对六言六弊的论述。《论语·阳货篇》讲："子曰：'由也！女闻六言六蔽矣乎？'对曰：'未也。'"由是仲由、子路，孔子问仲由，你有没有听过六种品德和六种弊病吗？子路说没有。孔子接着说："'居，吾语女。好仁不好学，其蔽也愚；好知不好学，其蔽也荡；好信不好学，其蔽也贼；好直不好学，其蔽也绞；好勇不好学，其蔽也乱；好刚不好学，其蔽也狂。'"这几句讲了仁、智、信、直、勇、刚六个道德德性和好学的关系，对我们了解孔子的思想、了解孔子怎么看待好学这一概念的重要性是很有帮助的。

而孔子讲的这六种德性，按照亚里士多德的理论，可以归结为伦理德性这一类。我们也认为，儒家思想最重视道德观念、道德品质和道德实践，可是孔子在讲到这六种重要道德德性的同时，似乎把它们放到了一边，而用一个"好学"来补充，来强调好学的重要性，应该说这在孔子思想中是很少见的。

从这几句话中，我们得知，信本来是个好德性，但孔子却说"好信不好学，其蔽也贼"，"贼"的意思是说容易被人利用。"好直不好学，其蔽也绞"，就是说一个直率的人如果不好学的话，它的弊病就是容易伤害别人。"好勇不好学，其蔽也乱"，勇敢的人如果不好学，就会作乱闯祸。"好刚不好学，其蔽也狂"，刚强不学法度，就会胆大妄为。因此，孔子在这里着重强调"好学"，而且每一个道德德性都需要跟它形成一个互补关系，所以"好学"在孔子整个思想体系中占有很重要的位置。仁、智、信、直、勇、刚这些重要的德性的形成和发挥作用，都不能离开好学，不能离开好学的德行和实践。如果不是和好学德性结合在一起、不是与好学的实践结合在一起，那么这些德性发生的作用就是偏而不正。因此，"好学"的重要性在孔子思想体系中就突显出来了，而"好学"明显指向学习和教育的过程。因此，孔子讲的"好学"，首先是着眼于教育。同时，他也重视教育，认为教育对整个人生以及个人的德行实践都起着一种重要的积极作用。所以，孔子对子路讲述这六方面的美德不是偶然的，他还进一步阐述了六种美德与好学之德的关系，表达了孔子对德性和学习、伦理和理智在整体上的平衡的把握。

当然，我们也不能把"好学"变成一个孤立的思想。因为在孔子的思想里，"好学"不是一个独立自足的概念，也要和其他的思想、美德结合起来。但是有一条，如果只讲"好仁""好信"，孔子就不成其为孔子了；只有强调"好学"这一概念，才能够体现作为一个教育家的孔子。

二、学道

孔子把好学作为他很推崇的一种德行美德，那么，按照孔子的思想，这种美德应该体现于人一生无休止的学习过程。孔子既然是提倡好学的，又是好学的典范，那么我们不禁要问，他所说的好学，学的内容是什么？宋代的儒者就明确提出了孔子"所好何学"的问题。

宋代思想家程颐，在太学里做了一篇答卷，题目就是《颜子所好何学论》。颜子就是颜回，孔子不是讲颜回好学吗？好的是什么学呢？这就是颜子所好何学的问题。北宋时期，新儒学的兴起，起源于一个提问，这个提问就与"好学"有关。那么，到底好学的内涵是什么？颜子好学，好的什么学？为什么说圣人之徒三千，而只有颜回一个人好学？圣门能够通晓诗书六艺的人应该不少，为什么单称颜回好学呢？

根据《周礼》和《礼记》，诗书六艺在孔子之前的时代，已经是当时贵族教育的基本内容了。《史记》上更是说："孔子以《诗》《书》《礼》《乐》教，弟子盖三千焉，身通六艺者七十有二人。"在孔子的时代，就已经把以前贵族教育内容即诗书六艺扩大为有教无类的一切对象，把教育变成对一切人的教育，使得诗书六艺成为孔门教育的一般性内容。

我们看孔子的教育内容——把诗书六艺分开来看，六艺指的是礼、乐、射、御、书、数，六艺在春秋时代属于贵族教育的内容，到了汉初，概念上把六经的学习也称为六艺，于是，孔子思想和他所主张的教育实践里有两个六艺：一个是礼、乐、射、御、书、数的六艺，一个是《诗》《书》《礼》《易》《乐》《春秋》的六艺。为了不混淆，我们还把后者称为六经。六艺和六经在孔门的教育里应该都是所学的内容。二者相比较，六艺更多的是在技术层面上进行的学习和教育；六经是关于经典的学习和教育。因此，"好学"的对象应该包含这两部分内容，也就是说孔子对这两方面的教育都很重视。但比较而言，孔子对于以六经经典为核心的教育更加重视，因为六经不仅是人文教养，而且是文化传承。所以，六艺与六经在"所好何学"的"学"的范围里位置是不一样的。

虽然六经的学习在性质上可能更加重要，但是六艺与六经的学习，在孔子的教育领域里更多属于知识教育的范围。当然，对六经的学习可以有超出这个知识范围的另外意义。而对六经、六艺的知识教育也并不是孔子教育思想的全部，因为《论语》中的内容大多还是在诗书六艺之外。如果从教的角度看，孔子对六艺六经的知识性学习教育，体现在《论语》中的"四教"——文、行、忠、信四个方面。后人还把孔子的教育表述为"四科"，即德行、言语、政事、文学。文就相当于文学，忠信就是德行，《论语》中还有一些属于言语和政事方面的教育。因此，以"四教""四科"的说法来描述孔门弟子的学习内容要更加全面一些。

作为技术的六艺是一个基础课程，作为经典的六经学习是一种专业课程，但是"四教""四科"全面地反映了孔子的教育理念和实践，更完全更完整。特别要指出的是，在"四科"中把德行放在首位，说明孔子还是把德行教育作为整个教育体系的核心。因而，把"四教"和"四科"结合起来看，孔子思想以前以六艺为主的教育已经扩大到全民，而他的教学实践也体现了他的教育理念，已经超出了经典教育理念的范围。也就是说，孔子的教育理念是一种以人文知识为基础，把教育发展为全面的自由人格教育的思想。

今天我们特别重视的通识教育理念，就是以人文知识为基础的一种全面的自由人格教育，这一点其实早在孔子的门下就已经体现出来了。因此，在《论语》中，孔子的教育理念最重要的就是成为什么样人格的人。这在孔子之前的时代没有出现过。在这样的基础上，孔子提出了以君子的理念为核心的教育。这也是我们今天讲孔子的教育思想特别强调的一点：这样一种全面的自由人格教育，在孔子时代特别是以君子的理念为核心，就体现了所好何学。所好何学，首先就是君子之学。这是孔子思想在教育理念方面一个突出的特色，而君子之学，应该是《论语》中特别重要、集中体现孔子思想的教育理念。

三、圣人可学

宋代以后的教育实践、教育理念提出圣人可学这一问题，从根源上讲，包含了古典教育内在的一个发问。

从"教"的角度说，有很多知识是可以教的，包括数学的知识、地理的知识等，就是关于事实的知识都是可以教的。除了事实的知识，人的德性的知识、人格的知识能不能教呢？这就是古典教育内在的问题。

希腊思想家、教育家柏拉图在他的《米诺篇》中通过苏格拉底和米诺的对话，提出了一个问题：美德能教吗？我们现在来分析，这里包含两个问题：一个是老师能不能把美德教给学生；另一个是学生能不能从老师的所教中学到美德，这就是古典教育的内在发问。按照柏拉图的叙述，苏格拉底开始对这个问题是没有答案的，他不知道美德能不能教给别人，但是后来他有了明确的结论，就是美德不可教。

如果拿这个问题来问孔子和儒家，我们会得到什么样的答案呢？当然这很难简单地给出一个答案，但有一点是清楚的，那就是虽然不能简单地说美德可教，但在儒家思想里可以找到美德可学的明确答案。从这个意义上来说，可以看作是儒家和孔子对这个问题在教育学上的一种回应：美德可不可以通过教育的过程来获得？提问者是从"教"的角度来讲，孔子是从"学"的角度来回应。

圣人可学，在北宋时期就已经明确表达出来了。先秦时期也已经有包含这种思想的叙述，但是明确的回答还是北宋时期的周敦颐。他在《通书》中说："圣可学乎？"圣人是美德的集中体现。"曰：'可。'"明确地回答说可以。周敦颐的学生程颐，也设问："圣人可学而至欤？曰：'然。'"问题是相同的，回答也是明确的：圣人可以学。所谓"圣人可学"，其实说的是圣人之德可学，圣人所体现的美德是可学的，不仅圣人的美德可学，而且人可以通过学习圣人之德，使自己成为一个真正的圣人。

那么，苏格拉底和柏拉图提的问题即"德可教乎"，中国的儒家更倾向于用"圣可学乎"来表达相同的问题意识。儒家通过圣人可学的观念，肯定了美德可学。当然教和学是不一样的，但它们都属于教育的范畴。

如果把苏格拉底和柏拉图的问题转化为美德可以通过教育获得，那么儒家讲的对于德可学、圣可学的肯定，就是肯定了教育跟德性的这种联系，主张德性不管是伦理德性，还是理智德性，都可以通过学来获得。

这是宋代儒学里非常明确的回答。其实，宋以前已经有了这样的理念，比如荀子，荀子《劝学》中说："学恶乎始？恶乎终？曰：其数则始乎诵经，终乎读礼；其义则始乎为士，终乎为圣人。""其数"是讲课程的阶段，其义就是讲教育的目标，教育的目标就是"始乎为士，终乎为圣人"。教育的目标包含了以人通过学习来达到圣人作为教育的最终目标，这也是肯定圣人是可学的。当然，古代并没有对达到圣人的目标的这个学和教的具体过程做具体的表达，但是通过学习达到圣人的目标是肯定的，而且这个目标从儒家角度讲，美德可学，能够学到和获得，不是仅仅通过教来达到，而是通过教和学的连续的整体过程来达到，并且特别强调其中学的概念。这是关于圣可学的理念跟古典教育的关系。

四、成人之道

关于君子之学的教育，所好何学应该归结为君子之学。

在君子人格和德行方面，作为儒家"学"的目标，除了以君子作为儒家的人格典范以外，也包括圣人所体现的完整人格。

首先就是仁。仁，是孔子道德教育思想的一个中心概念。后来儒家对于《论语》的解释，这个"仁"是人的全德，就是包含仁义礼智的仁，不是某一个方面的德性，是代表了一个整体的品质，这也是广义的"仁"；而狭义的"仁"是跟仁义礼智相区别的。儒家的教育理念，最终是要注意培养一个全德的人。

古代的礼数，有一个"成人"的观念。古礼中的"成人"指的是成年的男子，而孔子则将"成人"的观念转变为完备人格的概念。一个人成长到具有完整的形体能力、完备的人格，就是具有知、不欲、勇、礼、乐、义等多方面的德性。孔子把它叫作"成人"，见利思义、见危授命的人是成人。所以，成人的观念在孔子这里做了积极的转化，变成了完备的人格。在《管子》中也讲"既仁且智，是谓成人"。成人的观念，在中国思想发展中就从一个生理的意义上的成人变成了一个人格和德性意义上的成人。荀子后来也说过，说有德操的人才是成人，完美的人才是成人。所以教育的目标就是要培养这样的成人。到了北宋，理学家邵雍就把具有全德的人叫作"全人"。

因此，儒家所推崇的理想的教育，是要服务于一个人精神的全方面的成长，而不是要把人培养成一个具有专一的单一技能的人。

在孔子以前，还没有人建立起这样一种成人、全人的理念，到了孔子以及后来的儒家才确立这样一个全人教育的理念。

所以，儒家的教育理念，是以好学观念为基础，重视经典的人文教养，以君子的榜样为学习模范，以圣人人格的整全性为教育的培养目标，强调成人或者全人的教育理念，特别是突出学和自我的主动性。在教育过程里，始终着眼在把人变成全面发展的高尚的人。

孔子思想的现代价值

孔子是儒学的创立者，孔子思想及继承和发展了孔子思想的儒学，跟中华文化有什么关系？在中华文化里面占什么地位？这个问题必须首先弄清楚。我们在谈到孔子和儒学的时候，必须首先肯定孔子的思想及后来沿着孔子思想发展的儒学，是我们中华文化的主干和主体。虽然对孔子的儒学有各种各样的评价，但就历史事实来讲，恐怕没有人否认这一点：孔子思想和他开创的儒学是中华文化的主干和主体的部分。在两千五百多年中华文化的历史长河里面，孔子思想和他开创的儒家学派，不仅是主干主体，而且确实长期居于主导地位。从最主要的思想意义来讲，我们可以说孔子和儒学奠定了中华文明的核心价值。

核心价值虽是我们今天用的一个新词，但借用这个概念，说孔子和儒学在文化史上的意义，就是奠定了中华文化的核心价值，同时对整个中华文明的传承和发展产生了最深刻的影响。并且，相对于中国文化史上的其他思想流派，儒家对整个中华文明的传承发展的影响最为深刻。比如说在山东也产生了墨子，墨子在春秋时代也是伟大的思想家，儒墨并争；汉代以后，墨学的发展终结了，在后续的两千多年的文化发展中很少能看到墨家的身影，它的影响当然不能跟孔子思想的影响相提并论。在塑造中华文化的精神和中华民族的民族精神方面，还可以说孔子和儒家思想起了不可替代的作用。不可替代的作用表现在，它既是主干又是主体，并居于主导地位，这些都不是思想文化里面的任何其他一派能够取代的。正是因为孔子思想所处的地位，近代以来在大多数的中国人头脑中形成了一个共识：孔子在相当程度上已经成为中华文化的标志。

中华文化如果想找一个标志，非用一个人物来代表，那就非孔夫子莫属。孔子思想最重要的作用是什么呢？刚才讲的最重要的一个作用是奠定了中华文化的核心价值。如果用一个学术性的语言，也可以说，孔子和儒家思想最重要的作用就是确定了中国文化的价值理性。价值理性这个概念是一个社会学的概念。在二十世纪的西方社会学里面和社会思想里面有很重要的作用。儒家思想确立了中华文化的价值理性，奠定了中华文明的道德基础，赋予了中华文化最基本的道德精神和道德立场，它也使得儒家文明成为"道德的文明"。如果给儒家文明下一个定义，我们可以说它是一个"道德的文明"。

中国在历史上往往被称为"礼义之邦"，"礼仪"之邦突出的是礼节仪式，是好客。但是"礼义之邦"的"礼义"则突出道德的本质，是突出了中国文化这个文明国家具有成熟的道德文明。为什么把中国叫作礼义之邦？就是指明这个文明是一个成熟的道德文明，而且是一个高质量、高层次的道德文明。所以，这个成熟的道德文明就成为中国这个文明国家整体的一个突出特点，用今天的话还可以说：道德力量是中华文明最突出的"软实力"。无论是中华文明的软实力，还是整个文明国家的突出特征，这一切都是来源于孔子和儒学所具有的这种道德塑造的力量。

那么孔子思想有哪些内容呢？以下我就简单地谈五点：

一、崇德

崇德是孔子的原话，在《论语》里面就有，这两个字在《尚书》里面也出现过。从西周以来，中国文化开始了与夏、商所不同的一种新的文化发展，这个发展就是不断重视"德"的力量和倾向。孔子也就是在这样的基础上，在周公的思想、在西周的文化基础上更加强调"德"的发展。西周也有很多概念——"敬德""明德"，但是孔子特别强调"崇德"，而且孔子思想里面突出体现了"崇德"的精神。那什么是崇德呢？崇德就是始终把道德放在首要的地位，要把道德置于最重要的地位，在任何事情上都是这样，不管是政治、外交，还是国家的治国理政、个人的修身养性，都要以道德价值作为根本力量，把道德价值作为处理评价一切事物的标准，这是崇德。对人对事首先要从道德的角度加以审视，这样的精神这样的态度就是坚持道德重于一切。治国理政方面，孔子强调"道之以政，齐之以刑，民免而无耻；道之以德，齐之以礼，有耻且格。"用正义领导国家，用刑罚管理国家，人民可以服从，但是这个社会的人没有道德心。相反，如果用道德用礼制来领导国家，人民不仅乐于服从，而且也变得有道德心。因此在治国理政方面，孔子不相信强力暴力能够成为治理国家的根本方法，孔子的理想就是要用道德文化的力量，用非暴力非法律的形式来实现对国家对社会进行管理和领导，也就是我们今天讲的"以德治国"，这就是孔子"崇德"精神的影响力。

《论语》里孔子的言论思想中，谈到国家，谈到社会，谈到个人，谈到什么是道德理想、什么是道德政治、什么是道德美德、什么是道德人格、怎么进行道德修养。这些论述处处体现了"崇德"的精神。不是在一个方面，而是在国家、社会、个人、人格、修养方面都提出了。所以孔子所倡导的"崇德"的精神，以及在这个精神下阐发的各种具体的论述，成为中国文化的道德基础。中国文明是一个道德的文明，道德的文明一个主要的特点就是以孔子的这些论述体现作为根本基础。"崇德"是孔子思想总的精神。

二、贵仁

在《论语》里，孔子有一百多次谈到"仁"的观点，"仁"是孔子谈得最多的道德概念，同时也是孔子最重视的道德概念。这一点在孔子身后很快就被大家认识到。所以战国时代的末期，当时的思想界大家共同认为，孔子思想最重要的是对"仁"的推崇理解。我们今天说"贵仁"不是我们自己创造赋予孔子思想的一个概念，而是古已有之。两千年以前，战国末期的《吕氏春秋》这本书里面明确讲："孔子贵仁"。"贵仁"就是说孔子在诸多的道德概念里面，最重视最推崇"仁"。古代人没有价值这个概念，都是用"贵"这个字来表达，比如"以和为贵""以民为贵"，就是把"和"（和谐）、"民"（人民）看作是价值上最重要的。"仁"是孔子思想里面最重要的伦理范畴，也是孔子思想里面最高的美德理论，同时也代表了孔子的社会理想。"仁"在字义上可以说是代表仁慈博爱，同时"仁"在孔子思想里是一个全德之称，代表全体美德、所有美德。

如果从儒家思想来看，"仁"也代表了一种最高的精神境界，既是人的原则，也是最高美德，又是社会理想，还是最高的精神境界。正是这样，"仁"成为中华文明核心价值里面首要的道德概念。要总结中华文明的核心价值，第一个就是"仁"。不管是"仁义礼智"，还是"仁义礼智信"，都是以"仁"为首，"仁"是中华文明核心价值发展的首要概念。"仁"的含义在《论语》里面已经给予了明确的解释，最著名的就是："樊迟问仁，子曰：爱人。"孔子本来就很重视家常伦理，包括孝。如果跟三代以前的思想比较的话，孔子在家庭伦理的基础上又提出了更具有普遍性的人际伦理——"仁者爱人"。"仁"在实践中的起点本来是最直接的对双亲的亲爱，但是孔子在这个基础上提出了普遍的人际伦理，就是"仁者爱人"，把"仁"的观念设定为社会文化的普遍价值。当然"仁"有多种多样的表现形式，比如说，在伦理上讲是博爱、慈惠，在情感上是恻隐、不忍、同情，在价值上是关怀、宽容、和谐，在行为上是和平、共生、互助，特别是其中包含了扶弱——对弱势群体的关爱。更广泛地来看，还包含着珍爱生命、善待万物。所以"仁"的观念有多种表现形式，在伦理上、情感上、价值上、行为上，在面对自然世界和自然生态上都具有多样性。"仁"是孔子和儒家的思想核心，在两千五百多年以来的历史中，这个"仁"的观念也已经成为中华文明道德精神最集中的一个表达。

近代所讲的大同，包括今天所讲的人类命运共同体，最后的基础都是"仁"的观念。孔子不仅突出强调了"仁"的重要性，而且把"仁"展开为两方面的实践原理或者实践智慧。一个是"己所不欲，勿施于人"；一个就是"己欲利而利人，己欲达而达人"。"己所不欲，勿施于人"也称为"恕"，"己欲利而利人，己欲达而达人"也可以称为"忠"。孔子很重视这两方面的原理，所以《论语》里边也讲，"忠""恕"体现了孔子的一贯之道，从"恕"来讲，就是你自己所不想要的也绝不要施加给别人；从"忠"来讲，自己要发展要幸福，也要让他人发展得到幸福。孔子是不主张"己之所欲必施于人"，自己认为好的一定要加给别人，孔子不这样。所以这就避免了强加于人的那种心态和行为，那种心态行为可以产生无穷的不良后果，在国际交往中的霸权主义从根源上讲就是这个原理。

二十世纪的现代中国有一个大的儒学思想家梁漱溟先生。梁先生对儒家文明有一个解释，他在二十年代到三十年代相当长的时间里开展乡村建设运动，在河北、山东的活动实践里面，他有一个体会，他认为儒家的伦理就是以对方为主，或者说是互以对方为主。这样，概括说来我们古代中国伦理的特点，也可以说是儒家伦理的出发点，就是要尊重对方，尊重对方的需要，而不是把别人作为自我实现的工具、把他人作为自我提升的对象。梁漱溟先生对孔子的"忠""恕"之道、对儒家伦理的理解是具有现代人意识的一种感受：以对方为主。从这个意义上来讲，儒家伦理的特点不是突出自我，而是突出他人，坚持他者优先，他者先于自我。这就是"仁"的伦理的出发点。

"仁"作为伦理的出发点，在二十世纪九十年代初期到中期，在这个世界上曾经掀起了一场世界伦理的运动。由世界一百多个宗教团体派出代表和当代最重要的伦理思想研究学者一起，研究在一百多个宗教里能不能找到伦理共识，达成世界伦理。比如儒家伦理、佛教伦理、基督教伦理、伊斯兰教伦理，能不能找到大家公认的伦理？这就是世界伦理运动。最后，大家找到了共识，这就是世界伦理的金律："己所不欲，勿施于人"。最后这一百多个宗教代表共同签字，承认"己所不欲，勿施于人"是世界伦理的金律。按历史时间来说，孔子的"己所不欲，勿施于人"是排在第二的，有一个比孔子更早的是琐罗亚斯德教（拜火教）的创始人的讲话，但是他的讲话有那个意思却没有表达那么规范、清楚，表达最清楚的就是孔子的"己所不欲，勿施于人"。

在今天，"己所不欲，勿施于人"已经被确认为世界伦理的金律，揭示出它重要的伦理意义，这是从整个世界来讲。从整个东方来讲，中华文明两千五百多年以来的历史发展过程，孔子仁学的这一教诲和"忠恕"之道已深入人心，化为中华文明的道德精神。

三、尊义

孔子思想里面也有"义"的推崇，还有就是"利"和"义"的关系怎么处理？这也是人类文明永恒的道德主题。以孔子为代表的中国人认为基本问题就是"义""利"的关系。孔子讲"君子喻于义，小人喻于利"。君子和小人的分别不是地位上的分别，而是在道德觉悟、道德认识、道德品质、道德素质上的差异。孔子也讲"君子义以为上"，就是在任何事情上把义放在第一位。因此如果说中国道德思想史、伦理思想史有一个贯穿始终的义利之辨的话题，那么从孔子开始就有明确的意识。在《礼记》里面，还引用了一些孔子的说法，表达了与《论语》里面相近的意思，比如说《礼记》引用孔子的话说"忘义而争利，以亡其身"，把义都忘了，总是去争利，最后的结果，不是家破人亡，就是亡其身。到了孟子特别重视义与利，把这一面大大地发扬。到了汉代董仲舒明确强调儒家的"义"的立场和"利"的追求的对立，这是明确地把"利"解释为功利。按原话"正义不谋利，明道不计功"，即"正其义不谋其利，明其道不计其功"，这是说道义和功利，一定要区别开，义和道义就是指道德的原则。孔子讲"君子义以为上"，这个"义"就是道德原则。"利"就是功利原则和私利的要求。所以从先秦到汉代，应该说"尊义"的思想已经形成了，开始是始于孔子。在孔子来看，什么是君子？君子是道德高尚的人。道德高尚的人的特征和品质是什么？一个重要的方面就是"尊义"，把"义"置于其他事物之上作为评价的标准，那就是"尊义"。"尊义"在孔子的思想里面已经形成了这样的观点，人在任何时候都要以"义"为上，以"义"为先。这样的思想从孔子开始到先秦到汉代的儒学都坚持这个立场。这个立场就是坚持道义高于功利，把追逐功利的看作小人——"争利必亡"。

孟子发挥了这个思想。《礼记·乐记》虽然没用孔子的原话来表达，但是也提出了类似的思想，叫"见利而让，义也"。这些都是顺着孔子和早期儒家的思想提出的，都体现了类似的道德思想。我们讲八荣八耻，最根本的就是适应于"义""利"两条，也是崇德的一种精神体现。"义"代表道德原则，以"义"为先就是崇德的精神，但是这种精神有不同的具体化的表达，"义""利"之辨，一方面是崇德的表现，另一方面深刻地影响了中国文化的价值偏好。每个文明都有其价值观，价值观表达了一种价值判断的偏好，谁比谁更重要，"义"比"利"更重要，这就是中国文化的价值偏好。孟子讲，鱼和熊掌的选择，不仅仅是适用于一个人，也适用于社会和国家。所以孔子的儒学包括孔子和他的亲近的学生，都在不同方面表达了这样的思想。比如说《大学》里讲："国不以利为利，以义为利"，"以义为利"的思想是对前面讲的"义""利"关系一种新的表达，不是儒学不讲"利"，而是把对"义"的追求看作是最根本的"利"。国家不能只追求财富、富强这样的利益，国家要把对道义的追求看作最根本的利益。这样深刻的思想，应该说和社会主义核心价值都是一致的。

我们今天处在一个现代化、全球化的过程里，这个过程有一个很重要的特点就是极大地促进了人类生产力发展，但也在相当程度上破坏了传统的"义""利"平衡。在传统社会，人也会要求"利"，但是在孔子和儒家思想的作用下，他能够达到一种"义""利"的平衡。现代社会和文化向着工具和功利的一边片面发展。"功利"就是跟道义相对，"工具"是强调手段的合理性和理性化。西方社会学提出价值理性和工具理性的对立，价值理性就是有确定的价值目标，而工具理性则是强调通过计算达到目标。怎么治理现代社会的弊病，是全世界和现代文明都必须要处理的课题。孔子和儒家的思想，可以对现代社会发展中的片面性或者说偏向形成一种制约，这是儒家思想在现代的价值。

　　"义"的概念在孔子思想里面一般是指道德原则。到了孔子以后，儒学里面"义"的概念更加丰富了，其中最重要的就是被赋予了"正义"的规范涵义。《礼记》"仁以爱之，义以正之""仁近于乐，义近于礼"，便突出了义这种规范意义。仁是用来爱的，义以正之，正的是规范的意义，仁义是代表一种规范的力量。在孔子思想里面，也讲道义，但是并没有把"仁"和"义"同等看待、并列，孔子的弟子子思，子思的学生孟子就已经把"仁"和"义"并提，把"义"提高到了和"仁"的并立的地位。所以孟子以后儒学里边不仅单独提到了"仁"的重要性，而且更多地把"仁""义"并称，使"仁义"成为儒学里边最突出的道德价值。在儒学里边"正义"的涵义特别强调对善恶是非做出明确的区分判断，对惩恶扬善要下果断的决心。并且，义不仅仅是个人的德性，也是社会的价值。

　　今天，我们面对现实世界的各种复杂的现象，"仁"和"义"还有何种含义？"仁"是要导向社会和谐，"义"是要导向社会正义；"仁"要导向"世界"和平，"义"要导向国际正义，两者相辅相成、缺一不可。

四、守中

"守"就是守卫守护，"中"就是中庸的"中"，孔子很重视中庸，"中"的本意就是不偏不倚，另外中的一个意思就是"时中"，指道德原则要随着时代的变化、环境的变化有所调整，经过调整能够达到无时不中，避免道德原则跟时代脱节，使道德原则的应用实践能够跟时代跟环境的变化相协调，也就避免了道德准则的固化僵化，这其中"中"应该说具有很丰富的涵义。"庸"是注重变中有常，庸即是不变之常，尽管时代环境在不断变化，人不断适应时代环境的变化，但同时在道德生活里，终归有一些不随着时代而改变的普遍原则。而在孔子看来，"中庸"就代表了这样的普世原则。

那么，中庸思想特别受到历史上的关注是在哪一方面呢？就是反对"过"和"不及"，即反对有所偏倚。《论语》说"过犹不及"，所以孔子的思想从这方面来看，始终主张以中庸排斥极端。尊义就是强调道义高于尊义，守中就是主张以中庸排斥极端，"智者过之，愚者不及""贤者过之，不肖者不及也"，有智慧的人、有道德的人也会犯错误，他们犯的错误更多的是"过"；愚人、小人他们容易犯的过失是"不及"——达不到。孔子的主张，一方面他是反对"过"和"不及"，另一方面他还提出了"执其两端而用其中""中立而不倚"。这既是人生的态度也是一种思维的方法，应该说他这种思想和态度对中华民族产生了很重要的影响和作用。"中"就是不偏不倚，但在实践中这种偏和倚是难以避免的，而"中庸"的思想就是不断提醒我们要注意，每一个时代社会上总会有不同的极端主张，做一个有德性的人，特别是领导，要力求不走极端、避免极端，通过不断的调整来接近中道。如果看各种观点的分布，每个时代每个社会主张极端的人总是少数。这个中道必然是符合大多数人要求的选择，我们也可以说是大多数人民的选择。"中庸"一方面把中庸作为实践的方法，同时也强调中庸自身就是一个根本的德性。作为德性，"中庸"是道德君子才能够掌握和体现的。道德上的所谓错误、差失，无非就是对道德原则"过"或者"不及"的种种偏离。

从这个意义上来讲，中庸的思想具有两个方面的价值。一方面它具有道德本身的意义，中庸思想即一种道德德性；另一方面这种中道思想中庸之德，赋予了儒家以及中华文明不极端的、稳健的性格。所以在中华文明的历史上，在儒家思想主导的时代，都没有发生过因极端政策导致的重大失误；凡是出现了极端政策的失误，都是丧失了儒家思想的主导。这体现了中庸价值和中庸思想在中华文明历史上起到的引导和约束的作用。

五、尚和

我们选择了四个概念"仁、义、中、和"来描述孔子的崇德的精神表现。应该说孔子以前及跟孔子同时代的一些智者，他们都提出了"和"与"同"的不同，"和同之辩"，"和"就是和谐的和，"同"就是相同的同。什么是和呢？和，就是不同事物调和在一起；同，就是单一事物的不断重复。也可以说"和"是不同的要素的和谐、相和，"同"就是单一事物的同一，也叫作单纯的同一性。在孔子以前，西周的时代，春秋后期的智者都已经有这样的认识，就是和优于同，和合优于单一。孔子的思想也不是凭空产生的，他也吸收了西周以来的这种思想和同时代的思想精华，所以在孔子思想里面，这种尚和的思想倾向，继承发展了我们中国早期的和同之辩的智慧。什么样的智慧呢？就是从西周到春秋末期的和同之辩，认为差别性、多样性是事物发展的前提，不同事物的配合、调和才是事物发展的根本条件。只有这样，事物才能够生生不息，才能够不断发展。生命的不断发展，宇宙的生生不息，其前提就是多样性和差别性的存在；否定多样性和差别性，只追求单一性，其结果往往是强迫同一。而和合，就包含着对于差异性的、多样性的东西的包容和宽容，这样的包容、宽容也正是今天我们所讲的民主价值的基础。到了孔子，就正式提出"君子和而不同，小人同而不和"，提出"和为贵"。"和为贵"就是表达了一种价值的选择和偏好。所以"和而不同"这样的思想比起早期的和同之辩来说，既肯定了差别又注重了和谐；需要在差别的基础上来寻求和谐，比早期的和同之辩，可以说更进了一步。孔子还认为"和"是君子的胸怀、气度、境界，孔子追求的"和"也是建立在多样性共存基础上的一种和谐观。

当然单独的"和"的观念很早就出现了。在儒家的经典《尚书》里面，提出"协和万邦""以和邦国"，都是关于国与国之间和外部世界的关系，把"和"这种观念作为对外交往的一个基本对话和价值。所以中华文明世界观的对外交往，很早就确定了自己的价值理想。这个理想就是"和"，也就是和谐。孔子以后，在"和合"观念的基础上，"和"的和谐意义更加突出了。这个观念基本的价值特点就是以和谐取代突出。

刚才讲"守中"是以中庸排斥极端,"尚和"就是以和谐取代冲突。

从几千年的中华文明史可以看到一个特点,那就是追求一个和平共处的世界,是我们几千年来持久不断的理想。六十六年前,在印度尼西亚召开的万隆会议,形成了"和平共处五项原则"这个共识。中国是主要倡导者之一,我们积极参与这个共识的达成,从中也可以看到中华文明的基本价值在当代中国仍然有深刻的影响。国家之间的和平共处是人类的普遍理想,孔子思想产生在两千五百年以前,孔子思想和儒家思想,对于与外部世界关系的基本主张就是尚文不尚武,尚柔不尚勇。孔子主张对于远方的世界应该"修文德以来之",要发展文化的软实力,发展我们的价值来吸引外部世界,建立友好关系。当然,"和"不仅仅是对外,和外部世界交往的基本价值,也是对内调整社会关系、促进社会和谐的基本价值。

所以孔子思想的主要的道德精神可以用"崇德"来概括。具体的表现是坚持道德重于一切,主张他者先于自我,强调道义高于功利,以中庸排斥极端,以和谐取代冲突。这些不仅仅是孔子和儒家思想的精髓道义,也必将在我们今天的社会实践中,在中华民族伟大复兴的实践中,继续发挥价值引领力量。

二十一世纪，当代中国要更加自觉地提取中华文化的主流价值思想，正面宣示我们对中华文明的继承。在世界舞台上，我们要更多地以中华文化来解释中国政策的背景，呈现中国的发展方向。新世纪以来，我们以和谐为中心的国内政治理念，也体现着类似的努力，就是探求以中国文化为基础来构建我们共同的价值观，来巩固我们国家的凝聚力，以积极地继承和发扬中国文化的资源来建设我们的国家，应该说，这是二十一世纪当代中国文化的特色。

　　因此，今天讲中华民族的伟大复兴，必然也是对中华文明的复兴和发展。在孔子和儒家传统及其核心价值的影响下，中华民族的伟大复兴不仅仅是富强的追求，对世界和平和道德价值的追求，将永远是中国发展的价值目标。中华民族伟大复兴的中国梦，内在地包涵了中华文明一贯的价值追求——仁爱、正义、大同理想的实现。这才是我们中国梦的完整的价值内涵。

《论语》的传承与注解

虽然《论语》在中国可谓家喻户晓，但相当一部分人士甚至包括一些学者，对《论语》的传承、地位和影响，并没有系统了解和深入认知。本文从总体上就《论语》传承发展的历史，及其在中华文化中的基本地位，做具体阐述。

一、《论语》的书名

《汉书·艺文志》里说"《论语》者，孔子应答弟子、时人，及弟子相与言而接闻于夫子之语也"，这是说明《论语》是关于什么内容的书籍。"之语"包含两部分，一是"孔子应答弟子、时人之语"，孔子回答弟子及当时一些人的问题；一是"弟子相与言而接闻于夫子之语也"，弟子之间相互讨论以前听到的夫子说过的话。《艺文志》还说："当时弟子各有所记。夫子既卒，门人相与辑而论纂，故谓之《论语》。"孔子应答弟子、时人讲的话，当时弟子们各有所记，夫子去世以后，门人把这些"之语"加以编辑整理，所以叫作《论语》。在这个讲法中，《论语》之"论"被解释为"辑而论纂"，"语"是孔子和他弟子讲的那些话。[1]

东汉末《释名》认为《论语》是"纪孔子与诸弟子所语之言也"（《释典艺》），这句话比较简明，是说《论语》就是记载了孔子和他的弟子们之间的谈话。东汉王充在《论衡·正说篇》里说，"夫《论语》者，弟子共纪孔子之言行"，这个讲法更完整一些，表明《论语》里面不仅记载了孔子之言，还记载了孔子之行。同时，在赵岐的《〈孟子〉题辞》里面也讲到"七十子之畴，会集夫子所言以为《论语》"，并说"《论语》者，五经之馆辖，六艺之喉衿也"[2]。其实在孔子跟他弟子对话之外，《论语》还有一小部分记载了他的弟子的一些言论或者言行，这在整个《论语》里面占的分量比较

---

[1] 关于《论语》的相关介绍，可参看杨伯峻《论语译注》（中华书局1980年）的导言、金良年《论语译注》（上海古籍出版社1995年）的前言、孙钦善《论语说略》（收入《经史说略之十三经说略》，北京燕山出版社2002年）。

[2] 见《孟子注疏》，[东汉]赵岐注、[北宋]孙奭疏，北京大学出版社1999年，第8页。

小，可以说是附属于"孔子与诸弟子所语之言也"。关于《论语》书的内容，应该说上面都讲清楚了：主要是记载了孔子的言行，当然还有一小部分记载了孔子弟子，比如曾子、子贡、有子等弟子的言行。

《论语》中的"论"字，照《汉书·艺文志》来讲是"辑而论纂"，即编辑整理的意思。《释名》认为"论，伦也，有伦理也"（《释典艺》），论就是伦理，伦理也就是次序的意思；它把"语"解释为"语，叙也，叙己所欲说也"（《释言语》），语是自己讲的话，论是把它整理得有次序。有关"论""语"这些字在汉代还有一些其他的表述，比如汉初《毛诗传》里面讲到"直言曰言"，我直接说自己的话；"论难曰语"，跟别人辩论问题，这叫语。郑玄《周礼注》中说"发端曰言，答述曰语"❶，"语"主要是讲对别人的一种回答，这也是汉人的一种区分。

《论语》在古书里面有记载和引用。如在《礼记·坊记》说："《论语》曰：'三年无改于父之道，可谓孝矣。'"这里完整出现了《论语》书名。《史记·李将军列传》引太史公曰："《传》曰'其身正，

---

❶ 《周礼注疏》卷二十二《春官宗伯》，［东汉］郑玄注、［唐］贾公彦疏，北京大学出版社1999年，第575页。

不令而行，其身不正，虽令不从'"。《汉书·宣帝纪》里也说"《传》曰'孝弟也者，其为仁之本与'"。《史记》《汉书》里面引用了《论语》中的话，但是成了"《传》曰"。据汉人和后来有些学者的区分，如张华在《博物志》卷六里说："圣人制作曰经，贤者著述曰传。"《史记》《汉书》引孔子的话，把它称为"《传》曰"，是因为它在当时还不属于"经"，所以把它称为"传"。此外，还有一些书里面称其为《语》，或者称为《记》。《孟子》书中有二十九章引用了孔子的话。这些话，现在载见于《论语》者有八段。从这里可以看出，在孟子的时候，《论语》这本书应该已经辑定了，所以他引用孔子的话有八段见于《论语》。刚才提到《坊记》里面直接称其为《论语》，所以在战国时代，应该说在孟子和《礼记》的时代，《论语》这本书已经辑定了。

这里简单地提一下近代以来对《论语》的辨伪研究。清朝乾嘉时代的崔述最早致力于古史的辨伪。"五四"以后，顾颉刚先生继承了这个传统，编了《古史辨》。在崔述那个时代已经开始了若干这样的工作，他的《洙泗考信录》应该说是对《论语》的辨伪研究，主要就是对《论语》里面的篇章提出了一些质疑。比如他认为，我们今天看到《论语》并不是孔门传下的《论语》的原本，也不是汉代鲁国传下的《鲁论语》的旧本，他认为这里面已经出现了篡乱和续补，就是说篇章可能乱了，次序颠倒了；续补是说孔门《论语》编好了以后，我们现在的这个本子又续增了一些内容。其基本的结论是认为，今本的《论语》二十篇中的前十篇是最纯粹的，没有什么篡乱、续补的地方，而《论语》后十篇与前十篇大不相同。首先就是文体不同，尤其是最后五篇更可疑，他的理由是，《论语》前十篇通例称呼孔子为子，但是后五篇不称子，而称孔子或夫子，于是他就认为这五篇应该是后人续入的，不是孔门的原本。如果我们从材料的真伪的角度来看，后来续入的材料也可以是真材料。比如，前十篇可以是七十子辑订的《论语》，后十篇是七十子的后学把他们所收集的资料继续加入到了《论语》之中，这些材料虽然是属于续补，但是内容还可以是真实的，所以就不能用辨伪这个概念模糊了内容的真实性。崔述的这种观点对我们今天的《论语》研究者影响不是很大，但是对国外特别是对美国学者有一定的影响，个别的美国学者不仅把它看成定论，甚至把它推向极端，这是非常不恰当的❶。

---

❶ 对此问题的详细讨论，参见［美］李淳玲《论索隐派伪书〈论语辨〉及学问分际的问题》，载《人文论丛》2006 年卷。

二、《论语》的传本

《汉书·艺文志》说《论语》"汉兴，有齐、鲁之说"，汉代刚开始的时候，因为继秦朝焚书坑儒以后，很多经籍的传承受到了很大的影响，相当一大部分经典是凭经师的口耳记诵才传承下来。《论语》也是一样，因为是凭经师的口耳记诵，所以不同的经师传下来的本子就有所不同。"汉兴，有齐、鲁之说"，是说主要有两支传本，一个是《齐论语》，一个是《鲁论语》。

第一个是《鲁论语》，《汉书·艺文志》著录《鲁论语》二十篇。据北宋邢昺《论语注疏》记载，他认为《鲁论》的篇次跟今传《论语》相同，就是说《鲁论》与我们今天看到的《论语》的篇名、篇次是相同的。因为它是鲁国人所传所学，所以汉代就称为《鲁论》，汉代《熹平石经》的《论语》就是《鲁论》。在西汉的时候，有不少传《鲁论》的学者，据《汉书·艺文志》里讲"有常山都尉龚奋、长信少府夏侯胜、丞相韦贤、鲁扶卿、前将军萧望之、安昌侯张禹，皆名家"。《熹平石经》所刻的是《鲁论》，但是刊本我们今天看不到了。1973 年在河北定州的西汉墓里面出土了竹简《论语》，这个竹简《论语》也可以说是我们迄今看到的最早的《论语》抄本，但保存下来的内容不到今本的二分之一。据说里面有"鲁论"的文字，一般认为，定州的《论语》与许慎所见到的古文《论语》（鲁壁里面发现的古文的《论语》）是有明显的差异，所以它不是古文的《论语》，它与汉代有重大影响的《张侯论》也存在着相当多的差异，应当属于今文《鲁论》的系统。可惜因为受到当时地震的影响，有很多简都遭到了损坏。

第二个是《齐论语》，据《汉书·艺文志》记载它有二十二篇，比《鲁论语》多了《问王》和《知道》两篇。何晏《论语集解》序文里说"其二十篇中，章句颇多于《鲁论》"❶，就是说它不仅多了两篇，而且前二十篇里面的字句往往比《鲁论语》要多，即它前二十篇的题名和《鲁论语》是一样的，但是文句、字数多少还是有所不同的。传齐论者，有"昌邑中尉王吉、少府宋畸、御史大夫贡禹、尚书令五鹿充宗、胶东庸生，唯王阳名家"（《汉书·艺文志》）。2015 年在南昌西汉的海昏侯墓里出土的竹简中有《论语》，据目前披露的消息说，出土的《论语》是《齐论语》，是因为它里面有《知道》篇，这样我们在今天的出土文献

---

❶ 《论述注疏》，[魏] 何晏注、[北宋] 邢昺疏，朱汉民整理，北京大学出版社 1999 年，第 3 页。

里面也可以看到齐论的一些真面目了。目前，海昏侯竹简还没有公布，保存的完整程度到底是什么样的，我们也还不了解，但的确也是研究《论语》的一个好消息。可以说，自上世纪七十年代发现定州论语以来，海昏侯出土的竹简为我们研究《论语》提供了新的文本资料。

第三个是《古论语》，《汉书·艺文志》说"武帝末，鲁共王坏孔子宅，欲以广其宫"，鲁共王觉得自己的宫苑小，就把孔子的故宅拆毁，然而从中"得《古文尚书》及《礼记》《论语》《孝经》凡数十篇，皆古字也"。《古论语》有一个特点，就是它把《尧曰》分成上下两章，下章叫作《子张问》。它不仅在分章上多了一篇，而且每篇的次序与《鲁论语》《齐论语》也有所不同，后来南北朝的皇侃说《古论语》"以《乡党》为第二，以《雍也》为第三"❶，而我们现在的传本是《为政》第二，《八佾》第三，故可以说《古论语》的篇次与《鲁论语》《齐论语》也有所不同。除了篇次不一样，异文也是存在的。东汉桓谭在其《新论·正经篇》里指出，《古论语》与《鲁论语》《齐论语》相比"文异者四百余字"。孔安国曾对《古论语》做过注解，

---

❶ 皇侃《论语义疏》，高尚榘校点，中华书局2013年，第4页。

其注解被何晏的《论语集解》采纳了。

第四个是《张侯论》，何晏《论语集解》里说"安昌侯张禹本受《鲁论》"，"兼讲《齐》说"，"善者从之"，他觉得《鲁论语》《齐论语》哪一个版本比较好，就采纳哪一种说法；"号曰《张侯论》，为世所贵"❶，他的《张侯论》在当时很受重视。《隋书·经籍志》中说"除去《齐论》《问王》《知道》二篇，从《鲁论》二十篇为定，号《张侯论》"，是说《张侯论》把《齐论语》中《问王》《知道》两篇去掉，把《鲁论语》二十篇作为定本，这是强调《张侯论》主要依从了《鲁论语》的文本体系。所以如果我们从西汉下来看，《鲁论》《齐论》以后，《张侯论》成为最为流行而且对后世影响也最大的《论语》文本。郑玄也是依据这个本子来作注，一直流传到今天。

三、《论语》的单注本

西汉孔安国对《古论语》已经做了训解，这可以说是最早的《论语》注解本。除了《古论语》注本以

---

❶ 《论述注疏》，第4页。

外，《鲁论》《齐论》也都有注本出现，特别是《鲁论》郑玄的注本的影响是比较深远的。何晏《论语集解》序中说"汉末，大司农郑玄就《鲁论》篇章考之《齐》《古》，为之注"❶。后来《隋书·经籍志》著录了郑注《论语》十卷，又说"汉末，郑玄以《张侯论》为本，参考《齐论》《古论》而为之注"。《张侯论》也是以《鲁论》为本，郑注本以《鲁论》为本，据后人研究，它的读音参考了《齐论》《古论》，也有学者认为它的读音主要是以《齐论》《古论》为依据，但也保留了《鲁》读数十条。我们今天现行的《论语》的来源，主要就是这个郑本。在隋唐间，当时的《论语》最流行的就是两个本子，一个是何晏的《论语集解》本，一个是《论语郑注》本，是一直到隋唐都最流行的本子。

由于《论语郑注》在当时非常流行，所以我们晚近的一些出土文书、文献里，也发现了郑注本的残卷，主要是敦煌文书和吐鲁番出土的写本，都发现了《论语》郑注本的残卷，这两者加起来差不多有半部《论语》之多，其中也可以看到大量的异文。郑注本在宋代以后已经亡佚了，所以敦煌和吐鲁番里面出土的这些残卷，能够帮助我们看到隋唐以前郑注本的原貌。

---

❶ 《论语注疏》，第 5 页。

因为吐鲁番出土的这些残卷时代比较早，是属于十六国时期（约公元 304 年到 439 年），所以这些残本的发现也是珍贵的。在敦煌的文书里面发现的唐写本的郑氏注有篇题，篇题下面注有"孔氏本、郑氏注"，就是说这个本子它本来是孔安国所传的本，即《古论语》本，然后由郑玄作注，但是这个说法与《汉书·艺文志》的讲法是不同的。因此唐写本的研究者就认为"孔氏本郑氏注"这个讲法可能是书商所为，书商根据自己的想象就增加了"孔氏本郑氏注"。其实关于郑氏注的底本，我们应该还是从何晏之说。出土的郑氏注的写本，在近代以来也还是受到学者的注意，比如罗振玉、王国维，都专门对《论语》的郑注残卷做过研究。罗振玉就认为，唐写本的篇次同于《鲁论》，"此卷乃题孔本，初不可晓"❶，篇次明明是《鲁论》的篇次，为什么写成孔氏本？罗振玉认为应该是据《古》正《鲁》，它还是以《鲁论》为本，但是参考《古论》做了一些校定。王国维也认为，"郑氏所据本，固为自《鲁论》出之《张侯论》，及以《古论》校之"❷。可见，近代的一些学问大家也是非常关注出土文献里面的一

---

❶ 罗振玉《〈论语〉郑注〈述而〉至〈乡党〉残卷跋》，引自王素编著《唐写本〈论语〉郑氏注及其研究》，文物出版社 1991 年，第 153 页。

❷ 王国维《观堂集林》卷四艺林四，河北教育出版社 2003 年，第 81 页。

些《论语》文本。如果讲郑注的特点，那就是重训诂、音韵，这与郑玄其他经典的注释特点也是一致的。

四、关于《论语》的集解本

汉代《论语》的单注已经不少了，如《鲁论》有郑氏注，《古论》有孔氏注，还有马融注，《张侯伦》有包氏注、周氏注。为了整体地了解汉晋南北朝的这些《论语》注本，我们来看看何晏和皇侃的详细叙述，也可以了解何晏、皇侃集解的特色。

何晏《论语集解》之序：

> 叙曰：汉中垒校尉刘向言《鲁论语》二十篇，皆孔子弟子记诸善言也。太子太傅夏侯胜、前将军萧望之、丞相韦贤及子玄成等传之。《齐论语》二十二篇，其二十篇中，章句颇多于《鲁论》，琅邪王卿，及胶东庸生、昌邑中尉王吉皆以教授。故有《鲁论》，有《齐论》。鲁共王时，尝欲以孔子宅为宫，坏，得《古文论语》。《齐论》有《问王》《知道》，多于《鲁论》二篇。古论亦无此二篇，分《尧曰》下章"子张问"以为一篇，

有两《子张》，凡二十一篇。篇次不与《齐、鲁论》同。（作者按：以上讲传本，即文本传授）

安昌侯张禹本受《鲁论》，兼讲齐说，善者从之，号曰"张侯论"，为世所贵，包氏、周氏《章句》出焉。《古论》唯博士孔安国为之训解，而世不传，至顺帝时，南郡太守马融亦为之训说。汉末，大司农郑玄就《鲁论》篇章考之《齐》、《古》，为之注。近故司空陈群、太常王肃、博士周生烈皆为《义说》。（作者按：以上讲义解，即义说训解）

前世传授师说，虽有异同，不为训解。中间为之训解，至于今多矣。所见不同，互有得失。今集诸家之善，记其姓名，有不安者，颇为改易，名曰《论语集解》。（作者按：讲"集解"，即集诸家解）

（光禄大夫关内侯臣孙邕、光禄大夫臣郑冲、散骑常侍中领军安乡亭侯臣曹羲、侍中臣荀颢、尚书驸马都尉关内侯臣何晏等上。）

何晏讲"鲁论语二十篇，皆孔子弟子记诸善言也"，"善言"就是"佳言"的意思。"太子太傅夏侯胜、前将军萧望之、丞相韦贤及子玄成等传之"，指出了有哪些人来传承《鲁论语》。"《齐论语》二十二篇，其二十篇章句颇多于鲁论"，所有讲汉代《论语》的情况都依据于这句话。"传"本身不只是文本的传递，同时是用这个文本来进行教学。然后他总结说："故有《鲁论》，有《齐论》。"他又说："鲁共王时，尝欲以孔子宅为宫，坏，得《古文论语》。"在《鲁论》《齐论》之外，还有《古论》，《古论》是鲁共王破坏孔子故居的墙时发现的。"《齐论》有《问王》《知道》，多于《鲁论》二篇。"《齐论》比《鲁论》多出了《问王》《知道》两篇，并且《古论》也没有这两篇，"《古论》亦无此二篇，分《尧曰》下章'子张问'以为一篇"。我们看，他序文第一段主要是讲传本，有《鲁论》《齐论》《古论》。

下面讲："安昌侯张禹本受《鲁论》，兼讲齐说，善者从之，号曰'张侯论'，为世所贵，包氏，周氏《章句》出焉。"包氏、周氏依据"张侯论"写了《章句》。"《古论》唯博士孔安国为之训解"，可见《古论》在西汉时发现以后，孔安国为其作了训解。"而世不传"，后来没有传下来，没有更多的人关注孔安国的训解。"至顺帝时，南郡太守马融亦为之训说。"西汉时期，除了孔安国，其他人不传《古论》，到了东汉汉顺帝时，马融也为《古论》作了训说。训说、训解都是注释类的著作。"汉末大司农郑玄就《鲁论》篇章考之《齐》《古》，为之注"，郑玄的注以《鲁论》为主，也参考了《齐》《古》。"近故司空陈群，太常王肃、博士周生烈皆为之义说。"陈群、王肃、周生烈对郑玄所确定的《论语》文本做了进一步的解释。

第一段讲的是传本，第二段讲的是义解，义解包括义说、训说、训解，等等。所以最后他总结说："前世传授师说虽有异同，不为训解。"《论语》在汉代刚开始流传的时候，主要是经师传授，不作训解。"中间为之训解，至于今多矣。"从西汉中期开始，出现了注释类的著作，到了何晏这个时代，注释类的著作已经很多了。"所见不同，互有得失"，每一部训解的观点大有不同。"今集诸家之善，记其姓名，有不安者，颇为改易，名曰《论语集解》。"这就是《论语》史上最有名的著作《论语集解》，是由何晏等人把汉代《论语》训说、训解等注释编集起来而成的。据后来皇侃对何晏序里面所讲的"包氏、周氏《章句》"做了说明，明确指出两人对"张侯论"所作的《义说》属于注解本，并不是单纯的分章的传本。孔安国对《古论》作了训解，马融也为《古论》作了训说，郑玄为《鲁论》作注，同时郑玄也依据了《齐》《古》做了一些校定，陈群、王肃、周生烈也为《鲁论》作了《义说》，所以"张侯论"有注解，《古论》有注解，《鲁论》有注解。

何晏的序可以说非常清楚地叙述了《论语》的流传，包括传本到个人义解，再到集诸家解三个阶段。此后应该说单注本（个人义解），还在历史上不断出现，同时集解这种注本的形式在历史上也不断出现，但相比较起来，应该说集解本在历史上发挥的作用更大。这不是单纯从体例上看，因为集解和单行的注本的体例是不一样的，而是从内容上来说。汉代的注解，它的特点是：只诠字义。当然有的也讲了读音，但主要是诠解字义，是以训诂字义为主。从魏开始，注本就从仅仅训诂字义开始向义理的解释发展。《论语集解》是已经集合了汉和魏《论语》注的大成，所以它在注解、体例、义理的解说方面都有自己的特点，其特点如下：

第一，创立了经学注释的集解体，保存了大量的汉魏古注，这是很有价值的。因为何晏坚持"集诸家之善"这个原则，所以他对汉魏的《论语》研究成果进行了集解。在《论语集解》里面收录了八家注释，有孔安国、马融，他们是讲古文的；有包咸、周氏，他们是今文见长；有郑玄，他是兼采今古文；有陈群、王肃、周生烈，他们是曹魏时的人，重视以义理解说。但是他们"所见不同，固有得失"，何晏却能够把他们的解释融为一体，不拘师法的界限，不拘今古文的差别，博采章句、训诂、义说种种方法，所以突破了单注的形式，有综合性的优点。

第二，改易各家，自下己义。何晏等这些人在编《论语集解》的时候，承认诸家"有不安者，颇为改易"。"颇为改易"这个词说明了何晏等人按照他们自己的立场来集解《论语》的注释，而不是完全地照录旧注，所以南朝的皇侃在解释这四个字的时候，他说："若先儒注非何意所安者，则何遍为改易，下己意也。"❶这样就会导致他们把《论语》的一些旧注的原貌做了改动，这是不恰当的。

第三，汉人的解释是以训诂字义为主，曹魏时期就开始走向了义理诠释的发展。从义理的角度来看，《论语集解》一个鲜明的特点，就是以《易传》注《论语》。就何晏本人来说，他善谈易老，老是《老子》，易是《易传》，而且他自己著有《周易讲说》，因此他主持的《论语集解》里面多有《易传》之说，这可以说是《论语集解》在义理解说方面最突出的特点。因为到了汉代，包括曹魏的人都认为《易传》是孔子所作，当然就拿它来跟《论语》比照解释。但是应该指

---

❶ 《论语义疏》，第13页。

出这一点，用《易传》来解释《论语》，推崇《易传》，这还不能说它就是代表玄学的本质，或者受到了玄学的影响。比如《论语·公冶长》说到："性与天道不可得而闻。"何晏说："性者，人之所受以生也。天道者，元亨日新之道，深微，故不可得而闻也。"❶这个解释与老庄没有关系，他是用《系辞》来解释，所以这个解释并不是玄学、道家之言。所以以《易传》解《论语》，这还不能说就是受到了道家或者玄学的影响，这应该说是这个时期义理解释的一个努力的特点。

除了何晏的《论语集解》在历史上影响非常大，南朝梁皇侃的《论语义疏》影响也是比较大的。《论语义疏》的序言也是很详细的。梁皇侃《论语义疏》，叙曰：

> 《论语》，通曰《论语》者，是孔子没后，七十弟子之门徒共所撰录也。……语者，论难答述之谓也。《毛诗传》云："直言曰言，论难曰语。"郑注《周礼》云："发端曰言，答述为语。"今按，此书既是论难答述之事，宜以"论"为其名，故名为《论语》也。……又此书遭焚烬，至汉时，合壁所

---

❶ 《论语注疏》，第61页。

得，及口以传授，遂有三本，一曰《古论》，二曰《齐论》，三曰《鲁论》。既有三本，而篇章亦异，《古论》分《尧曰》下章"子张问"更为一篇，合二十一篇，篇次以《乡党》为第二篇，《雍也》为第三篇，篇内倒错不可具说。《齐论》题目与《鲁论》大体不殊，而长有《问王》《知道》二篇，合二十二篇，篇内亦微有异。《鲁论》有二十篇，即今所讲者是也。

寻当昔撰录之时，岂有三本之别，将是编简缺落，口传不同耳。故刘向《别录》云："鲁人所学，谓之《鲁论》；齐人所学，谓之《齐论》；合壁所得，谓之《古论》。"而《古论》为孔安国所注，无其传者。《齐论》为琅琊王卿等所学，《鲁论》为太子太傅夏侯胜及前将军萧望之、少傅夏侯建等所学，以此教授于侯王也。晚有安昌侯张禹，就建学鲁论，兼讲齐说，择善而从之，号曰张侯论，为世所贵。至汉顺帝时，有南郡太守扶风马融字季长、建安中大司农北海郑玄字康成，又就《鲁论》篇章，考《齐》验《古》，为之注解。汉鸿胪卿吴郡包咸字子良，又有周氏，不悉其名，至魏司空颍川陈群字长文，大常东海王肃字子雍，博士燉煌周生烈，皆为义说。魏末吏部尚书南阳何晏字平叔，因《鲁论》，集季长等七家，又采《古论》孔注，又自下己意，即世所重者。今日所讲，即是《鲁论》，为张侯所学，何晏所集者也。

晋太保河东卫瓘字伯玉，晋中书令兰陵缪播字宜则，晋广陵太守高平栾肇字永初，晋黄门郎颍川郭象字子玄，晋司徒济阳蔡谟字道明，晋江夏太守陈国袁宏字叔度，晋著作郎济阳江淳字思俊，晋抚军长史蔡系字子叔，晋中书郎江夏李充字弘度，晋廷尉太原孙绰字兴公，晋散骑常侍陈留周坏字道夷，晋中书令颍阳范宁字武子，晋中书令琅琊王珉字季瑛。右十三家，为江熙字大和所集，侃今之讲，先通何集，若江集中诸人有可采者，亦附而申之，其又别有通儒解释，于何集无好者，亦引取为说。以示广闻也。……❶

皇侃自序说明《论语》是孔子弟子门徒共同撰录的。他认为《古论》的篇章是倒错的，《鲁论》的篇章还是比较正确的。在皇侃的时代，用的文本主要是《鲁论》。皇侃说，今天我们讲《论语》的本子就是

---

❶ 参《论语义疏》自序，第1—6页。个别标点略有调整。

《鲁论》，张侯据之为本所作《张侯论》，何晏《集解》的文本里也都体现了《鲁论》。下面又提到了十三个人的名字，这句话比较重要。他的《论语义疏》先把何晏的集解做一些疏通解释。上面提到的十三家是被江熙所集的论语注，那里面有可采取者，他就把这些收录在自己的《论语义疏》中。如果在何晏的《论语集解》、江熙的《论语集注》里面都没有，而另外所有的当时通儒的解释，皇侃也把它采取进来，"以示广闻也"。这样，可以看出皇侃解释的一种多样性的特色。皇侃自序下面几点也要注意：

第一，西汉《论语》学教授的重点对象是王侯。照我们现在看皇侃的讲法，"此教授于侯王也"，我们在海昏侯墓里发现《论语》很正常，因为王侯须学习《论语》。

第二，皇侃《论语义疏》确实进一步扩大了集解的范围。何晏集会八家之说，但是皇侃扩大了什么？他是从江熙所集的十三家《论语》注里面又取材不少，说明江熙自己也有一个《论语》集注，但是没有传下来，然而皇侃看到了，他从江熙的《论语集注》里面吸取了不少素材。

第三，除了何晏所集的八家，江熙所集的十三家以外，皇侃的《论语义疏》还吸取了其他"通儒"的解释，哪些通儒呢？一个就是江熙本人，再有就是王弼、郭象等，所以它的集解的范围就远多于何晏的集解。

如果讲《论语义疏》的特点，那就是：在《论语义疏》的内容里面，有许多关于老庄玄学的应用。刚才我们讲的何晏集解，那里面只是有《易传》《论语》相比照的解释，但是皇侃的《论语义疏》，不仅增加了十三家，还有其他的通儒，像王弼、郭象之类玄学人物代表，所以它有大量的对老庄玄学的应用。比如在皇《疏》里面引用《老子》的文本不少见，引了《老子》二十六章"重为轻根，静为躁本"，还有《老子》第八十章"民安其居而乐其俗，邻国相望而不相与往来"（此为化用，《老子》原文为："安其居，乐其俗。邻国相望，鸡犬之声相闻，民至老死，不相往来"）❶。在玄学里面，王弼作为通儒被引用，是最明显的代表。他引用了王弼的许多话，比如"举本统末"，这都是玄学的思想。像"游子"那一章，他说："王弼曰：自然亲爱为孝，推爱及物为仁。"❷然后"一贯"章的注里面说："王弼曰：贯犹统也，大事有归，理有会，故得其归……总其会，理虽博，可以至约穷也。"❸又王弼曰：

---

❶ 《论语义疏》，第 89 页。
❷ 《论语义疏》，第 6 页。
❸ 同上，第 90 页。

"忠者，情之尽也；恕者，反情以同物者也。未有反诸其身而不得物之情，未有能全其恕而不尽理之极也。"❶特别是"性相近"章注说："王弼曰：不性其情，焉能久行其正。"❷这是王弼有代表性的"性其情"的思想。"为政以德"章里面，引郭象曰："万物皆得性谓之德。夫为政者奚事哉？得万物之性。故云德而已也。""得其性则归之，失其性则违之。"❸在"阳货见孔子"章里，引郭象曰："圣人无心，仕与不仕随世耳。"❹这些都是郭象一些有代表性的玄学思想。所以，《论语义疏》一方面扩大了集解的文本，提供了一些汉魏以后难见的资料，但另一方面大量的玄学思想加入到了《论语》的注疏文本里面。

五、再论《论语》的集解本

《论语》的集解本，第一个是何晏的《论语集解》，第二个是皇侃的《论语义疏》，第三个就是北宋邢昺的

---

❶ 同上，第91页。
❷ 同上，第445页。
❸ 同上，22、23页。
❹ 同上，第444页。

《论语注疏》，在宋明的时候也称为《论语正义》，清代中期以后就改称为《论语注疏》，题名是"何晏注、邢昺疏"。邢昺是宋真宗咸平二年受诏校定诸经义疏，他做好了以后，颁列学官。《四库提要》里面讲邢《疏》的特点是"大抵剪皇氏之枝蔓，而稍傅以义理"❶，皇氏就是皇侃的《疏》，其内容有些比较支离，邢《疏》把这些东西都减除了，并且皇侃的《疏》义理诠释还不够，然后邢《疏》就向义理方面做了发展，但这个发展只是初步的，所以说"稍傅以义理"，这就为后来宋人发展义理的注释奠定了基础。这是《四库提要》对邢《疏》做的总结，历来也被大家所接受。《四库提要》同时也指出了邢《疏》的一个缺点，就是它在何晏《集解》以外引用了很多的义说，但都没有姓名标注，这是他的一个不足之处。邢《疏》把皇《疏》里面以道家解《论语》的很多地方都删掉了，因此他的文化取向是非常明显的，就是要回归儒家本来的意义。他引用《集解》的文，他叫作"注"，下面"疏"后的文字，也就是"邢疏"。邢《疏》里面也引用了大量的各家的说法，但专属于他的部分叫作"正义"。清人周中孚对邢《疏》有一个评价："章句训诂名器事物之际

---

❶ 《论语注疏》，第 1 页。

甚详，故能与何注并传"❶，就是说，邢《疏》中的章句的训诂、名器、事物的解释都很详细，依靠其疏才能比较深入地了解何晏《集解》中注的意思，所以能与和注共同流传。然后又说："其荟萃群言，创通大义，已为程、朱开其先路矣。"邢昺开始向义理方面发展，为程朱义理派的解释开了先河。

接下来就是《论语集注》，《论语集注》我们要稍微讲得细致一点。前面我们大多把重点放在章句、篇章、篇次这些方面。如果从整个《论语》注解的历史来看，从汉代以来就开始谋求义解，但是义解的做法各个时期是有所不同的。汉代的义解，主要是训诂和关于字义的训解，但是从皇《疏》开始，我们看到它增加了很多对于义理解说的发挥。当然在何晏的《集解》里面，也包括了以《易传》来解释《论语》这种义理性的解释，但是从皇《疏》开始对义理解说的发挥更多了，特别是其中引入了许多玄学的思想。

北宋是一个儒学复兴的时代，这个时代从政治到社会都与之前的朝代有了一个很大的变化。唐代开始复兴儒学，在北宋得到了全面的推展，这种儒学的复兴，也必然会在《论语》的解释体系上表现出来。这

---

❶ 《郑堂读书记》卷十二经部七之上，民国吴兴丛书本。

样看来，真宗时代的《论语注疏》，就是要去除以往像皇侃《义疏》里那些道家、玄学的思想要素，使对《论语》思想义理的解释归本儒学大义。同时它也很注意保留汉代以来相关的词义训诂的成就。其次，就是在这个基础上要发挥这个时代新的儒学的义理，用它来贯通到《论语》的解释中。这个任务的主导的线索，是由道学从北宋到南宋来履行而完成于朱子，就是用道学的义理来重新诠释《论语》。这首先开始于二程，然后二程的门人后学做了很多的努力，最后朱熹把这个系统的努力集了大成。朱子关于《论语》有好几部作品，像《论语训蒙口义》《论孟精义》《论孟集义》《论语集注》《论语或问》，其中影响最大的是《论语集注》。朱子的《论语集注》是道学体系以理为中心的义理体系来贯穿对《论语》的解释。《论语集注》相对于《论语注疏》的仅仅"稍傅以义理"，那无疑就是一个重大的补充、加强和改进，也可以说比《论语注疏》更好地完成了这个时代所要求的儒学对于《论语》的再诠释，也就使《论语》的诠释在理论上提升到了一个全新的阶段。《论语集注》的叙述特点是：先训读，次解释大意，次引程子、程门之说，最后以"愚谓""愚按"补足之。为了凸显理学的这种诠释特色，就《论语集注》这种诠释的特点，我们举几个例子。

第一个例子："子曰：'不然，获罪于天，无所祷也。'天，即理也；其尊无对，非奥灶之可比也。逆理，则获罪于天矣，岂媚于奥灶所能祷而免乎？言但当顺理，非特不当媚灶，亦不可媚于奥。"❶"天，即理也"，这明确地继承了二程的理学思想，把《论语》文本中原本带有古代宗教意味的"天"，明确解释为"理"，这是理学解经思想的一个最重要的基点。这个"理"是宇宙的普遍法则，所以"其尊无对"，人只能顺理而动，不能逆理而行。

第二个例子："子贡曰：'夫子之文章，可得而闻也；夫子之言性与天道，不可得而闻也。'文章，德之见乎外者，威仪、文辞皆是也。性者，人所受之天理；天道者，天理自然之本体，其实一理也。"❷此句先解释"文章"可得闻，"性"与"天道"不得闻，什么是"文章"，什么是"性"，什么是"天道"？"文章"是"德之见乎外者"，文章不是脱离了德的文章；"性"是"人之所受天理"；"天道"是"天理自然之本体"，用"理"来解释"天道"。所以照这个解释，应该说"命"是"天所赋之天理"，"性"是"人所受

---

❶ 《论语集注·八佾第三》，《朱子全书》第 6 册，上海古籍出版社、安徽教育出版社，2010 年，第 88 页。

❷ 《论语集注·公冶长第五》，《朱子全书》第 6 册，第 103 页。

之天理"，"命"是从施发赋就而言，"性"是从禀天之受而言，所以"天命""天性"是同一个过程的两个方面。"天道"是指"天理"的本来的存在和状态，天道流行，发育万物，也就是天把"理"赋予人和物的过程，这个过程叫作"天命"。就人和物接受了天所给予自己的"理"，那就是"性"。所以"天道"是自然的天理流行，"性"是禀受在人身上的"天理"，其实都是一"理"。

通过这样的对《论语》的解释，朱子就把这种道学的天理论的体系，明确地贯穿到整个对于《论语》的解释。在理学思想里面，一般以"理"解释"道"，如《论语集注》："子曰：'食无求饱，就有道而正焉，可谓好学而已。'凡言道者，皆谓事物当然之理，人之所共由者也。"[1] 在这个解释里面，"道"的基本含义是事物当然之理，也就是事物的规范原则，这些规范是社会中人人必须共同遵守的。事物当然之理主要是指人们的规范，在这里"道"主要就是指"人道"而言。

再举个例子："曾子曰：'夫子之道，忠恕而已矣。'尽己之谓忠，推己之谓恕……盖至诚无息者，道之体也，万殊之所以一本也；万物各得其所者，道之用

---

[1] 《论语集注·学而第一》，《朱子全书》第 6 册，第 73 页。

也，一本之所以万殊也。以此观之，一以贯之之实可见矣。"❶很明显，他用道的体用，也就是理学的体用论来发挥、解释《论语》里面"忠恕一贯"的思想。他把圣人的一贯之道，首先从人生的最高境界上来解说，认为一贯之道指的就是圣人之心浑然一理，而它的应用是各有所当。他的心浑然一理这是体，随时随事各有所用，这是用殊。他说如果在道德实践上能够随事精察，那只表明在应用上不错，但还没有达到体一的最高境界，即只完成了具体，还没有达到一贯。朱子还指出，一贯的人生境界和天地之化是一致的，因为天地万物也是具有这种万殊和一贯的关系。比如说夫子境界里面的浑然一理，它相应于天地总体的至诚无息；夫子的泛应曲当相应于万物万事各得其所。所以天地至诚无息的总体运动，是道之体；万物各得其所，是道之用。这个道之体是万物统一性的本源和根据，它是一本，道之用是统一性的个别具体的表现，是万殊。这样就用理学的理一分殊的思想对一贯之道进行了诠释。

最后再举一个例子："子在川上，曰：'逝者如斯夫，不舍昼夜。'天地之化，往者过，来者续，无一息

❶ 《论语集注·里仁第四》，《朱子全书》第6册，第96页。

之停，乃道体之本然也。然其可指而易见者，莫如川流。故于此发以示人，欲学者时时省察，而毫无发之间断也。程子曰：'此道体也。天运而不已，日往则月来，寒往则暑来，水流而不息，物生而不穷，皆与道为体，运乎昼夜，未尝已也。是以君子法之，自强不息。及其至也，纯亦不已焉。……'愚按：自此至篇终，皆勉人进学不已之辞。"❶ 为了了解"子在川上曰"，朱熹的解释就发挥了二程的道体的观念来做说明。二程认为"逝者如斯夫"，逝是指道体运行不已而已，天地万物的运动变化都是以道为体。他进一步认为，生生不息、流行不已的天地变化过程，就是本然的道体，即自然变化就是道的真实的本来的事情，道并不是抽象的实体。这些都非常鲜明地体现了朱子以系统的道学家的理论来解释《论语》。

朱熹三十四岁时，就编成了《论语要义》。在其序里，他讲："独取二先生及其门人朋友数家之说，补辑订正，以为一书，目之曰《论语要义》。"❷ 朱子采取二程和他们的弟子，以及二程的朋友如张载等对《论语》

---

❶ 《论语集注·子罕第九》，《朱子全书》第 6 册，第 144 页。

❷ 朱熹《论语要义目录序》，《朱子全书》第 24 册文集卷七十五，第 3613 页。此处所引文字"独取二先生"数字，据王白田《朱子年谱》补。

的解释。

朱子到四十三岁，编成了《论语精义》，其方针与《论语要义》一样，在序里面讲："间尝搜辑条疏，以附本章之次，既又取夫学之有同于先生者，与其有得于先生，若横渠张公，若范氏、二吕氏、谢氏、游氏、杨氏、侯氏、尹氏，凡九家之说，以附益之，名曰《论孟精义》。"❶首先朱熹收集二程先生的讲法，然后又采取了学术有同于二程先生学问宗旨，以及"有得于先生"这些人的说法，以附在每个注解的后面。《论语精义》后来又更名为《论语集义》，对九家之说做了进一步的补充。

后来随着朱子学问的成熟，他渐渐觉得：他前期几种《论语》著作里面收集的北宋以来这些道学诸儒的说法，其中有些未精，比如他原来引用谢上蔡等人的说法，他就认为未精，所以他后来又作了《论语集注》。《论语集注》的特点是：在上面几种《论语》书的基础上"约其精粹妙得本旨者"❷，把最精粹真正能够得到孔子原本宗旨的内容，作为《集注》保留下来，所以他自己说过："《集注》乃《集义》之精髓。"（《语

---

❶ 同上，第 3630 页。
❷ 李默《朱子年谱》，《朱子全书》第 27 册，第 123 页。

类》卷十九）❶《集注》是对于《集义》的一种选择，把精髓选出来，择取的理由是什么？于是他还撰写了一本书叫《论语或问》，把原来在《论语要义》里面选了那么多的道学系统的《论语》解释，而在《论语集注》里面为什么只保留这几家，那几家没有保留下来，做了详细的说明。

《集注》有一个特点，一上来它先讲音读、字义的训诂，这是朱子的自觉。早在朱子三十四岁编成《论语要义》的时候，他曾经同时编成了《论语训蒙口义》。他在序里面讲："本之注疏，以通其训诂；参之《释文》，以正其音读。"❷"本之注疏"就是以往对于《论语》的注疏，最近的当然是邢昺的《疏》，更远当然还包括何晏《集解》和皇侃的《义疏》。"参之《释文》以正其音读"，《经典释文》里面包括了很多经文的音读。"然后会之于诸老先生之说，以发其精微"（同上），"诸老先生"主要指二程、张载。所以《集注》的基本做法，不是突然出现的，我们看到他在一开始作《论语要义》的时候，就没有忽视训诂和音读。但是重点是"会之于诸老先生之说，以发其精

---

❶ 《朱子全书》第14册，第657页。
❷ 朱熹《论语训蒙口义序》，《朱子全书》第24册文集卷七十五，第3614页。

微"，所以他注释的方法和宗旨，应该说是一贯的。所以《语类》里面也记载了不少朱子的表白，他说"某所集注《论语》，至于训诂皆仔细者，盖要人字字与某着意看，字字思索到，莫要只作等闲看过了"（《语类》卷十一）**❶**，这是说其集注的《论语》中的训诂都是很仔细的，是要后来看《集注》的读者把每个字都要着意来看。在《论语精义》的序里面他也讲了："汉魏诸儒，正音读，通训诂，考制度，辨名物，其功博矣。学者苟不先涉其流，则亦何以用力于此。"**❷**这说明朱子《论语集注》批判地吸取了汉唐经学有益的地方，融入他自己的解经著作中，但是他用力的地方还在于精微的义理解释上。朱子兼顾训诂，但是还是以义理解经为主，而他的义理解释，如果我们看道学的解经史，他在思想上既继承了二程，又和二程在解释方法上有所区别。他自己说过："程先生经解，理在解语内。某集注《论语》，只是发明其辞，使人玩味经文，理皆在经文内"（《语类》卷十九）**❸**，是说二程先生解经讲的道理是对的，但是这些道理很多不是经文里直接有的，他是离开了经文，另外讲出了一番道理，道理虽然是

---

❶ 《朱子全书》第 14 册，第 349 页。
❷ 《朱子全书》第 24 册文集卷七十五，第 3631 页。
❸ 《朱子全书》第 14 册，第 656 页。

对的，但是它不能够紧密地贴合文本。朱熹说他自己解说《论语》，也是要讲理的，但讲理不能脱离辞文，而是要"发明其辞，使人玩味经文"，讲道理要贴合经文。所以朱子注重义理，但是他的《集注》在主观上是要力图使读者能够切就经文来理解经文的义理，引导读者就经文去理解它的意义，所以他是即经求理，不是离经说理。实际上，我们看朱子解经的很多地方，他也是发挥了经文里面没有说明的义理。像我们刚才提到的一些例子，可以看到他的哲学解释的一些特点，因为这是一切义理派解经学共有的一种必然的归趋。但是，朱子的确没有忽视训诂、音读和名物的解释，而是注重经文自身的脉络，所以朱子的《四书章句集注》能够经得起汉学的批评，同时又彰显出义理派的优长。

对以上第四、第五节做一个总结。如果从文献和文献解释的角度看，我们似乎可以这样说，从汉代到清代，《论语》历来最重要的注释，恐怕是一部围绕何晏《集解》为核心的《论语》注疏史，表现出力图理解古注求文本原意的解释意向。比如何晏的《集解》汇集了两汉三国诸家之说，保留了《论语》古本的原貌。而皇侃的《论语义疏》同样是与《集解》一样有名，它是对何晏《集解》的进一步的疏解，是以何晏的《集解》为注释对象。邢昺的《论语注疏》也是对何晏《集解》所做的疏证，只是减除了那些道家玄学的思想痕迹。清代刘宝楠的《论语正义》，还是对何晏《集解》的注释和疏证。但是，刘宝楠的《正义》更体现了清代汉学的学风，吸取了乾嘉学派的成果，特别注重文字训诂、史诗考订，在典章、名物、制度、考证方面吸取了清儒的很多成果。近人程树德的《论语集释》，可以说也是刘宝楠工作的延伸。所以从文献和文献解释的角度来看，在《论语》学史里面最受关注的注释、著作，主要是围绕何晏《集解》为核心，这是一种文本的"语文学的诠释学"最明显的表现。

文本的诠释可以分为几种形态，比如一种就是语文学的诠释学，它是对于文本主要进行语文学的一种诠释；另一种就是义理学的诠释学，它是对于文本主要进行义理方面的一种诠释。文本的语文学的诠释学，它主要是研究文本的原始意义，以此作为一个根本任务。这种类型的诠释学，认为由于时间的距离和语言的变化差别，过去文本的意义对于我们就变得陌生，所以我们需要把陌生的文本、语言换成我们现在所能了解的语言，从而把这种陌生的意义转变为熟悉的意义。这种语文学的诠释学，应该说是《论语》文本诠释的一个主要的模式，它的宗旨是要重构作品的意义和作者原初所想的这种意义。这种情况与欧洲文本诠释史类似，欧洲的诠释学的早期形态是《圣经》学，十八世纪所出现的语文学诠释，它也是要从语文学和文献学的角度，对所有的古典文本进行分析解释，这跟中国古代我们对《论语》的研究应该说是一致的。在中国古代，训诂学它所对应的就是文字，它的取向就是语文的意识。与此对照的就是文本的义理学的诠释，义理学的诠释对应的不是文字，而是意义和精神，所以它的取向不是语文的历史，而是哲学的思想。

以上我们可以看到，古代解读《论语》大体是这样的，那么，二十世纪以来，是如何解读《论语》的呢？我们看《论语》的注解，主要的还是语文学的这种模式，思想性的义理诠释极少。在当代这种思想性的义理诠释的代表是李泽厚的《论语新读》，但是《论语新读》的读者反映并不热烈，这也许说明对于《论语》这部伦理实践性很强的经典，今天社会文化所需要的主要还是文本的语文学的解释，而让读者自己来借助语文学的注释，去理解、思考和实践，并不是在注释中做哲学思想的发挥。除了这两类诠释学以外，还有第三类，我们把它叫作文本的应用型的诠释学。这种应用型的诠释学，它是旨在把经典文献里面已知的意义，应用于我们要解决的具体现实的问题上。因此经典的意义对他来讲是明确的，不需要反复地加以复杂探究，而是把任务界定在将经典的意义应用于现实问题的实践上。事实上，我们看德国哲学家伽达默尔的哲学解释学，它的目的并不是主张对《圣经》《论语》的文本注解，而是把它变成哲学的发挥，主张要对经典的基本观念做适应时代的发挥和应用。所以这一类的文本，我们把它叫作应用型的诠释学。在上面讲的两类之间，即语文学的和义理学的诠释之间，还有这样一种应用型的诠释学。这第三类的诠释学，我觉得在今天应该加以重视。

六、《论语》和孔子的权威性

历史上除了我们前面讲的几种重要的集解作品非常受关注之外，还有很多著名学者的单注本。如果提到学者的姓名及其著作的名称，我想举一些例子：从汉代开始，夏侯胜《夏侯论语说》，孔安国《论语训解》，何休《论语注》，马融《论语训说》，郑玄《论语注》，王肃《论语注》，虞翻《论语注》，王弼《论语释疑》，郭象《论语体略》，陶弘景《论语集注》，范宁

《论语注》，这些都是汉魏时代的作品。南北朝，释惠琳《论语琳公说》，梁武帝《论语注》，祖冲之《论语注》，崔浩《论语解》。唐代，贾公彦《论语疏》，韩愈《论语注》，李翱《论语笔解》。宋代，王安石《论语解》，苏轼《论语解》，伊川《论语说》，吕大临《论语解》，游酢《论语杂解》，尹淳《论语解》，杨时《论语解》，谢良佐《论语解》，侯仲良《论语说》，胡宏《论语指南》，张栻《论语解》，吕祖谦《论语说》，薛季宣《论语约说》，杨简《论语传》，孙应时《论语说》。明代，李材《论语大义》，罗汝芳《论语答问集》，刘宗周《论语学案》。近代，康有为《论语注》。❶提到这些人的名字和他们的著作有什么意义？上个世纪长期在香港提倡中国文化的唐君毅先生，曾经写过一篇文章《孔子在中国历史文化的地位之形成》，他的主张：孔子不是先秦诸子之一，孔子地位的形成非由帝王之提倡，而是由各时代不同学术文化的特出人物之尊崇。当然还有历史上一些不是学者的人物，包括政治家对孔子的推崇。我们上面提到的人物，是在政治人物以外，专就学者对《论语》的注释来作为例子，让大家

---

❶　参看傅武光《四书学考》，台湾师范大学国文研究所集刊，第十八期，1974 年。

看到从汉代以来，历代的主要思想家和学者都注解过《论语》。当然他们是依据各自的思想立场来注解《论语》，但是一致的是在中华文明几千年的历史上，这些最杰出的思想家和学者，他们前赴后继地、不断地把对《论语》的理解注释，汇聚为一个历史文化的长流，也可以说是洪流，这股长流和洪流就造成了中华民族、民族文化对孔子的认可和推崇。以往有人统计过，历史上的《论语》注解有三千多家（这可能已经包括了韩国和日本的本子）。当然这并不是说每一部《论语》的注解都能够发挥出很重要的思想，但是几千年绵延不断对《论语》的注解，而且中华文化里面历代主要的思想家对《论语》的注解，的确塑造了孔子和《论语》的生命，缔造了中华文化的文化生活，也塑造了中华文化的价值观，构成了浩浩荡荡的孔子文化景观，中华文化的生命之流也是这样传承和发展的。因此借助着这股历史洪流，《论语》长久不断地渗透进几千年中国的社会文化和人民大众中，成为中华美德教育的根本堡垒。

《论语》和孔子的地位，应该说在先秦已经被各家所称述。秦末陈涉称王，好儒术，立孔子后人孔甲为博士，这体现出《论语》和孔子地位的提高。汉高祖过泰山，以太牢祭孔子，太牢是大祀，这与祭天地日月相同，是最高的祀等，这表示孔子地位的提高。汉文帝的时候立传记博士，其中《论语》也置了博士，跟秦末陈涉称王的时候立博士是同类的，表示出当时《论语》受到很高的重视。汉武帝的时候不再设传记博士，但是《论语》《孝经》是学习"五经"的前提，这是社会的一种共识。西汉的扬雄就曾说过："经莫大于《易》""传莫大于《论语》"（《汉书·扬雄传》），《论语》的地位很明显是非常高的。

在《汉书·艺文志》里面讲"九流"之说，九流之中有儒家，儒家是"祖述尧舜，宪章文武，宗师仲尼"。在《汉书·艺文志》里面，《论语》是排列在六经之后、儒家之前，所以《论语》不属于"儒家"五十三种之类，故唐君毅认为孔子不是先秦诸子之一，孔子本人应该在历史上就没有列在儒家之内。儒家有谁呢？有孟子、荀子等，因此孔子的地位是比儒家更高，他是"上承六艺，下统九流"。因为《汉书·艺文志》把《论语》归入在《六艺略》中，《论语》不属于儒家，因此唐君毅说孔子不属于诸子，所以《论语》是六经之辅翼，地位特殊。东汉刻《熹平石经》，五经之外加了《论语》《孝经》，立于太学，可见，《论语》此时应该说已经明确获得了经典的地位。事实上，这样一种趋向在董仲舒那个时代就已经表达出来了，因为董仲舒把孔子和五经并列为独尊的地位，他说："诸不在六艺之科、孔子之术者，皆绝其道，勿使并进。"（《汉书·董仲舒传》）到了唐代，由于宗老子，所以《论语》没有列入"九经"。但是在唐末文宗时代，公元 837 年《开成石经》刊刻的时候，在"九经"其后又加了《孝经》《论语》《尔雅》，一共十二种。到了北宋刻"十三经"的时候，又加入了《孟子》。到了南宋，朱熹集注"四书"，把论语、孟子、大学、中庸合为一编，"四书"变成大经。到了元明清，"四书"的地位甚至超越了"五经"。东汉以后，祭祀孔子成为国家级的祭祀，地位跟社稷之祀相同。唐代以后每个县都要建庙祭祀，朝廷以"至圣先师"封赠孔子，地位特别尊崇。

《论语》是中国人的"圣经"，也是人生向善的指南，是教人做人、做事的指南，是君子人格和君子德行的集中的体现，是中华美德最集中的表现，也是中华文化养成美德的根本精神。《论语》中由孔子所提炼概括的美德德行，君子的典范，在中华文化中有丰富的表现。《论语》中所表达的君子人格和君子德行，是中华文化核心价值具有丰富魅力的具体体现，是中华文化基因的基础的一部分。后人说"半部《论语》治天下"，说明《论语》的作用包含了普遍性的原理，对治国理政也有重要的价值。总之，《论语》奠定了中华文明的道德基础，确立了中国文明的基本价值观，赋予了中华文化以道德的精神和力量，它的地位在中国文化史上是不可替代的。

最后谈一下，孔子思想的核心到底是什么？二十世纪七十年代，美国有一位著名哲学家赫伯特·芬格莱特，他不是个汉学家，但是在汉学方面他也做了一点努力，写了一本书《孔子·即凡而圣》，这本书的封面上写了一个"礼"字。所以他在对孔子的解读中认为"礼"是孔子思想的核心。其实这个看法在中国历史上也曾提出过，但他特别强调这一点。为什么要强调这一点呢？我觉得，"礼"这个概念对于西方人来讲很陌生。若讲仁，"仁者爱人"，在西方的宗教文化里面也有相应的说法，无论是圣爱还是博爱，这很容易理解，他们就不予重视。但是这个"礼"字对他来讲很陌生，所以我们看到很多的美国学者很关注这个礼字。除了现实的需求，我觉得跟这种文化的陌生感有一定的关系。在美国的学界里面用"礼"来解读孔子，把它作为美国文化里面的一种讨论，也无可厚非。但是我们从《论语》本身的了解来讲，把《论语》的核心思想解释为"礼"而不是"仁"，这与我们中国绝大多数的学者的共识是相违背的。因为从《吕氏春秋》

讲"孔子贵仁"开始，历代思想家绝大部分都认为"仁"是孔子思想的核心。如果讲仁和礼的关系，一般都认为以仁统礼，以仁贯礼。所以仁对于礼来讲，不仅有优先性，它还是统贯于礼之中的一个根本。当然仁礼是结合的，在儒家思想特别是早期儒家里，也重视仁礼的结合，而不是分离。但是二者当中，仁应该是统礼、贯礼的根本，这一点应该说历代学者与我们现在的认识也是一致的。所以从我们今天来看，在孔子思想里面，仁是一个最高的道德、最高的德行、最高的原则，同时仁又是德行的全体，其地位是其他任何一德目都不能够与之相比的。同时，在宋明时代也很强调仁，它不仅是最高的德行、最高的道德、最高的原则规范，同时还是最高的精神境界，这些都是礼所不能包含、表达的。二十世纪以来，我们更关注仁作为伦理的金律所具有的普世的意义，所以仁是孔子思想的核心，这一点是我们今天在学习《论语》的时候要认清并加以坚持的。

《大学》的文本与思想诠释

《大学》原本是《礼记》四十九篇中的第四十二篇，唐宋时期《大学》引起学界越来越多的关注，地位不断升高，最终与《中庸》一起从《礼记》母本中独立出来，与《论语》《孟子》并为"四书"。"四书"的并称以朱子《四书章句集注》为标志，朱子反复强调读"四书"要先读《大学》"以定其规模"（《语类》卷十四），因此"四书"又以《大学》为首。《大学》义理精要，篇幅不长，但从文本到思想，相关讨论非常多，在宋以后的儒学发展史上影响极其深远，宋明理学的很多根本性命题、核心话题及重要争论都来自《大学》。

一、《大学》的作者和时代

（一）、《大学》的篇名之义

《大学》本来是《礼记》的第四十二篇，对于这个篇名的意思，东汉经学家郑玄说"以其记博学，可以为政"❶，就是说《大学》主要是讲博学，它最后的目标是要引导到为政上。与此不同，南宋朱熹认为"大学者，大人之学也"❷，大人是相对于少年来讲的，也就是成人。后来，王船山也讲"大人者，成人也"❸，十五岁以上进大学，为成人，十五岁以前进小学，为少年。按这个意思来讲，《大学》不是仅仅讲博学，它是适合于成人的一篇教育文献。

与《大学》同在《礼记》中的《学记》篇多次提到"大学"这个概念。比如《大学》篇一开始讲"大学之道，在明明德，在亲民，在止于至善"，《学记》篇一上来讲"大学之礼"，里面也讲"大学之道"，说"近者说服，而远者怀之，此大学之道也"。此外，《学记》里面还提出了"大学之教""大学之法"等关于

---

❶ 《礼记正义》（下册）卷六十六，［汉］郑玄注、［唐］孔颖达疏，吕友仁整理，上海古籍出版社 2008 年，第 2236 页。
❷ 朱熹《四书章句集注·大学章句》，中华书局 2011 年，第 4 页。
❸ 《船山全书》第 4 册《礼记章句》，岳麓书社 1988 年，第 1469 页。

"大学"的论述。由此来看,《大学》所言"大学"应该与《礼记》里面所包含的这些"大学"的论述是一致的。就是说,这个"大学"其实不是讲博学,而是古代教育的一个设置。古代在都城设立大学,西周时期叫作国学,是当时设立的一种最高规格的教育学校。所以,"大学之道"是讨论古代大学教育之法、教育之礼、教育之道的意思。在这个意义上,可以说郑玄用"博学"来解释"大学",忽略了古代关于"大学"的这些记载。

《大戴礼记》也提到了"大学",说"古者年八岁而出就外舍,学小艺焉,履小节焉。束发而就大学,学大术焉,履大节焉"(《保傅》),这也讲得很明白,大学是跟小学相对的,大学是与十五岁以上成人对应的一种学校。朱子也说"《大学》之书,古之大学所以教人之法也"❶。小学是学小艺的,大学是学大艺的。后来朱熹对此做了一个区分,他说,"三代之隆,其法寝备,然后王宫、国都以及闾巷,莫不有学。人生八岁,则自王公以下,至于庶人之子弟,皆入小学,而教之以洒扫、应对、进退之节,礼乐、射御、书数之文;及其十有五年,则自天子之元子、众子,以至公、卿、

---

❶ 朱熹《四书章句集注·大学章句》,中华书局 2011 年,第 2 页。

大夫、元士之道子，与凡民之俊秀，皆入大学，而教之以穷理、正心、修己、治人之道"❶。因此，大学之道可以说就是大学的教育之道。

（二）、《大学》的作者

《大学》的作者在唐代以前没有人讨论过。北宋二程说"大学，孔氏之遗书"❷，这话说得有一点含糊，孔氏当然是孔子，一个理解就是孔子流传下来的，是孔子所写的。而如果从广义上理解，就是孔门之遗书，当然这个孔门对于古代来讲，不是讲整个儒家，主要还是讲先秦孔子到七十子这个时代。到了南宋，朱熹继承了这个说法，朱熹早年就说得比较坚定，他认为《大学》是"累圣相传"，"至于孔子，不得其位而笔之于书，以示后世之为天下国家者"❸，朱熹直接认为是孔子所写；"其门弟子又相与传述而推明之"❹，他的门人弟子进行了传承、论述和发展。照此说，是孔子和他的弟子共同写成了《大学》这本书。朱熹晚年时，对

---

❶ 同上。
❷ 见朱熹《四书章句集注·大学章句》，中华书局2011年，第4页。
❸ 《晦庵先生朱文公文集》卷第十三《癸未垂拱奏劄》，《朱子全书》（修订本）第20册，朱杰人、严佐之、刘永翔主编，上海古籍出版社、安徽教育出版社2010年，第632页。
❹ 同上。

这个说法做了点调整，他认为《大学》分为"经""传"两个部分，"右经一章，盖孔子之言，而曾子述之"❶，"经一章"即通常所说《大学》首章，第一章朱子认为是经，后面是传。他认为"经一章"是孔子讲的话，曾子则把它传述下来。然后说"其传十章，则曾子之意而门人记之也"（同上），传十章是曾子的意思，门人把它记录下来。这样一来"孔氏之遗书"就落到孔子和曾子两个人身上，曾子做了大部分——"传十章"，这是朱熹对于作者的推断。这个推断有没有什么根据呢？朱熹说"正经辞约而理备，言近而指远，非圣人不能及也"❷，经一章用辞很简约，但是道理很完备，好像说得很近，但包含的意思非常深远，只有圣人才能讲出来这些话。朱子又说"然以其无他左验，且意其或出于古昔先民之言也，故疑之而不敢质"（同上），可见，朱子对此也不能完全肯定。"至于传文，或引曾子之言，而又多与《中庸》《孟子》者合，则知其成于曾氏门人之手"（同上），传文里面引了曾子的话，其中讲的内容又与《中庸》《孟子》相合，因为《中庸》《孟子》与曾子的思想也是相同的，所以，他说"成于

❶ 朱熹《四书章句集注·大学章句》，中华书局 2011 年，第 5 页。
❷ 朱熹《四书或问》，上海古籍出版社、安徽教育出版社 2001 年，第 10 页。

曾氏门人之手"。

但是，二程和朱熹的这些讲法并不能得到大家的一致赞同。南宋有一位心学思想家叫杨简，他就不赞成，他认为《大学》非孔门之遗书，与二程、朱熹的立场是对立的。杨简是陆九渊的大弟子，因有"朱陆之争"，所以他反对朱熹的讲法，也反对朱熹所根据的二程的说法。他主要所针对的内容是"八条目"。"格物致知、正心诚意、修身齐家、治国平天下"，这叫八条目。杨简针对这八条目讲"何其支也？"怎么这么支离，说"孔子无此言"，"孟子亦无此言"[1]。他说"孔子曰：'心之精神是谓圣'"，这句话见于传世较晚的《孔丛子·记问》，不见于先秦文献。杨简说"孟子道性善"，孔子说"心之精神是谓圣"，可见"心"未尝不正。这样的话，"何用正其心？又何用诚其意？又何须格物？"[2]所以他的结论是"《大学》非圣人之言，益可验者，篇端无'子曰'二字"，《大学》首章无"子曰"，说明不是孔子说的话。比如《中庸》，里面有好多"子曰"，但是《大学》里只有两处"子曰"，在杨简看来，《大学》中无"子曰"者都不是孔子的话。所

❶ 《杨简全集·家记七·论〈大学〉》第八册，［宋］杨简著，董平点校，浙江大学出版社 2016 年，第 2153—2154 页。
❷ 同上，第 2156 页。

以《大学》非圣人之言，非孔门之遗书。这是杨简提出的一种不同看法，当然他也没有确定《大学》的作者，他只是对二程和朱熹的讲法表示不赞成。

明代郑晓《古言》上卷引三国虞松的话说"贾逵之言曰'孔伋穷居于宋，惧先圣之学不明而帝王之道坠，故作《大学》以经之，《中庸》以纬之'"❶，虞松引东汉贾逵的这个说法，在明代中后期引起较多讨论。这样的话，《大学》《中庸》的作者都是子思，两者的关系是一经一纬。这个传说如果可靠的话，那么这个讲法比起程朱更有渊源。当然，后来朱子说"孔子之言，而曾子述之，曾子之意而门人记之"，也有其一定的道理。

清初思想家陈确关于《大学》作者的讨论也值得一提。陈确是刘宗周的学生。刘宗周曾说"前后言格致者七十有二家"❷，就是到了明末的时候，当时能看到的专门讲"格物致知"的观点有七十二家。刘宗周说"求其言之可以确然俟圣人而不惑者，吾未之见"（同上），就是这七十二个人都讲"格物致知"的意思，但真正讲得好的还没看到。刘宗周对宋代以来讲《大学》

---

❶ 郑晓《古言》上卷，明嘉靖四十四年项笃寿刻本。
❷ 《陈确集》别集卷十四《大学辩》一，中华书局 1979 年，第 557 页。

的各种文献是有所不满的。陈确比他更进一步，不仅对宋代以来讲《大学》的这些学术有所不满，他干脆不承认《大学》是孔、曾所作，也不承认《大学》是圣人之言。他说"《大学》首章非圣经也"❶，不是圣人作的经文，"其传十章非贤传也"（同上），不是贤人作的传文。这就是彻底反对朱熹的说法。他认为《大学》只讲了知，没有讲行，《中庸》还讲了笃行，《大学》只讲格物致知。他说"《大学》言知不言行，必为禅学无疑"❷，知而不行，在他看来这正是禅学空疏之风。然后他说"不知必不可为行，而不行必不可为知"❸，他的知行观其实比较接近于王阳明的知行观，他是从知行合一这个角度来讲，批评《大学》讲知不讲行，从而推断出《大学》不是圣人之言。

（三）、《大学》的时代

　　《大学》的基本思想就是三纲领、八条目，特别是八条目里面所讲的，从修身到平天下这个连续的论述，在战国时期的儒家就有类似的思想。《孟子》里面说"天下之本在国，国之本在家，家之本在身"，这与《大

---

❶　同上，第 552 页。

❷　《陈确集》别集卷十四《大学辩》一，第 557 页。

❸　《陈确集》别集卷十六《大学辩》三《答张考夫书》，第 592 页。

学》所论述的那个逻辑是一致的，思想也是一致的。另外，类似的思想见于《礼记》里面的《乐记》，《乐记》里面引用了子夏的话，说"修身及家，平均天下"，这与《大学》讲的"修身、齐家、治国、平天下"也是一致的。因此，《大学》的基本思想应该说与《乐记》《孟子》的时代相当，同处于一个大时代。前面讲了《礼记》里面的《学记》很多地方讲到大学之道、大学之礼、大学之法、大学之教，说明它和《大学》篇首所讲的大学之道的讲法也是相互呼应的，应该也是处在同一个时代。所以，我们今天可以笼统地说，《大学》的时代应该是在战国时代，因为它的思想与战国时代的儒学很多讲法都是一致的。

如果说具体在战国的前期、中期还是晚期？这个目前我们还没有一个定论。以前很多学者也有不同的说法，比如梁启超认为《大学》这本书应该在孟荀之前，不仅在荀子之前，也在孟子之前，这就比较符合朱熹的推论，就是曾子和他的门人，七十子及其后学的这个时代。孟子稍微晚了一点，孟子是学于子思之门人，还不是七十子和他们的门人那个时代。但是，也有学者不是这样认为，比如胡适，他还是赞成梁启超的说法。但是劳干认为《大学》应该在《孟子》之后，后到什么年代他没说，可能应该在战国中期的后面。另外，还有一些学者认为它是在战国的晚期，甚至还有认为它是秦汉时代，最晚晚到汉武帝时期。今天大多数学者都不再认为《大学》的成书时间是在秦汉或者汉武帝时期那么晚，而是认为《大学》应该是战国时期儒学的一个代表性作品。这个结论的得出，当然是吸收了我们近四十年来或者更长时间以来考古学关于古文献的发现带给我们对古书新的认识。

二、《大学》的古本与改本

"《大学》古本"这个概念是晚出的，它指的是《大学》在汉代开始传承下来时候的原貌。《礼记》是汉宣帝时期戴圣所编，到了东汉的时候郑玄就为它作注了，郑玄讲"以其记博学，可以为政也"，他把《大学》理解为博学，这有一定偏差，但是他后面一句话还是有所见的。唐代孔颖达编纂《五经正义》，其中《礼记正义》主要是采用郑玄的注，他自己也作了疏。郑玄注、孔颖达疏的《礼记·大学》，这个文本被后人称为注疏本《大学》。到了明代就把这个注疏本《大学》称为古本《大学》，因为它是汉代初传下来的样子。唐以后，宋元时代的学者对这个注疏本不太重视。

因为从北宋以后，受到二程和朱熹改本的影响，大家都不用这个古本，更多都采用改本。直到明代开始，因为兴起了对程朱理学的反叛，于是从《大学》首先入手，不仅否定了程朱对《大学》的义理解释，而且完全推翻了《大学》文本的改动，要求回到《大学》的古本。这就是釜底抽薪，从根本上把程朱理学的《大学》论完全推翻。

《大学》的古本本身是没有分章节的，当然我们今天如果能够出土一个汉代把《大学》分了章的竹简，那自然就是新的发现。但我们现在掌握的文献，还没有看到汉代《大学》文献已经出现分章的记载，所以现在看到的郑注本原来是没有分章、没有分节的。但是后人，特别是明朝以后，就把古本也做了分章。分章的方法有很多，其中比较多的一种是分成了六章。从"大学之道"到"此谓知之至也"，被分为第一章。第一章就是总论，也就是纲领。从"所谓诚其意者"到"此谓知本"，是第二章，它是解释"诚意"。然后从"所谓修身在正其心者"到"此谓修身在正其心"，这是第三章，解释正心修身。再后从"所谓齐其家在修其身者"到"此谓身不修不可以齐其家"，这是第四章，是解释修身齐家。而后从"所谓治国必先齐其家者"到"此谓治国在齐其家"，这是第五章，解释齐家治国。最后从"所谓平天下在治其国者"到"此谓国不以利为利，以义为利也"，这是第六章，解释治国平天下。这样一共分为六章，这是把古本进行分章的情况。

如果我们看《大学》古本，就是《礼记》原来的《大学》文献，它的面貌与内容基本是这样的：第一段就是三纲领、八条目，宋朝以前没有人用"三纲领、八条目"的说法，但它确实是以"三、八"为主，就是前面三句话和后面八句话。三句话就是"在明明德，在亲民，在止于至善"，也就是"三在"。后面八条目就是"欲明明德于天下，先治其国；欲治其国者，先齐其家；欲齐其家者，先修其身；欲修其身者，先正其心；欲正其心者，先诚其意；欲诚其意者，先致其知；致知在格物"这八个层次。在《大学》的第一大段里面已经把"三、八"的主题提出，前面讲三纲领，后面讲八条目。可以不用"纲领""条目"这个说法，但是这个主题已经提出来了。然后看《大学》文本讲三、八的后面，后面是在依次地阐明八条目里面的六条目，就是除了格物和致知以外，它讲"所谓诚其意者""所谓修身在正其心者""所谓齐其家在修其身者""所谓治国必先齐其家者""所谓平天下在治其国者"，它明显是按照这个次序来解释那六个条目的意义。因此，这两点是《大学》文本最鲜明的特点，第一点就是首段讲了"三、八"这个主题，第二点是后面一大部分主要是按照前面的次序讲了六个条目的意义，这样我们就能很直观地看到这个文本的主要内容。

这样一来，后人如果仔细解读这篇文献，就会发现两个问题。在唐代以前大家不是很关注这篇文献，没人研究它，但是从北宋开始，关注《大学》的人就比较多了。北宋天圣八年（1030），皇帝赐当时进士及第的状元王拱辰《大学》。后来及第的就赐《儒行》以及《中庸》《大学》。专赐《大学》还是比较少的，后来包括仁宗的时代、真宗的时代赐《大学》《中庸》还有《儒行》。从这里可以看出，《大学》的地位在当时变得很重要，因此研究它的人就很多。理学家对《大学》和《中庸》的重视主要还不是因为皇帝赐进士《大学》《中庸》，而是因为新儒学的义理必须以《大学》和《中庸》为基础。道学是要传承孟子以后已经断绝的儒家之道，所以它必须要从《大学》和《中庸》中来寻求这个道。

《大学》的结构、内容，如果我们看古本，首先讲了三纲领、八条目；接着解释"诚意""正心""修身""齐家""治国""平天下"六个条目的意义。二程认为这个文本如果我们求全责备的话，其论述并不完整。第一个不完整的是它后面阐释的部分主要阐释了八条目的部分，没有阐释"三纲领"。第二个就是它本来是八条目，怎么只做了六个条目的解释，还有"格物""致知"两个呢？为什么没有相关的阐明和解释？所以，二程兄弟俩都作了《大学》改本，对《大学》文本做了改动调整。他们认为《大学》文本有错简。古书是写在竹简上，竹简的编绳如果断了的话，重新再编绳的时候，位置可能会错。因此他们认为古本《大学》的那些缺陷可能不是我们直观上所认定的那种缺陷，如"三纲领"好像没有相应解释，其实是有的，只是它被错简错到后面去了。所以需要把它挪到前面。于是，二程就认为要把错简的文字移动一下，要更定、改动《大学》文本。程颢先作了改本，《二程集·程氏经说》里就有一篇文章叫"明道先生改订《大学》"❶。他改订《大学》，是把"诚意章"后面的"《康诰》曰""汤之《盘铭》曰""《诗》云'邦畿千里'"这三句段移到前面三纲领的下面，认为这些都是解释三纲领的文字。然后他把"自天子以至于庶人"一直到"此谓知本""此谓知之至也"作为"格物

---

❶ 《二程集》下册《程氏经说》卷五，中华书局 2004 年，第 1126—1129 页。

致知"的解释。这样一个改订，使整篇的结构变成了：
先提出三纲领，然后是对三纲领的解释，之后是八条
目，然后是八条目的解释。这个结构是一个四节的结
构，三纲及三纲的解释、八条目及八条目的解释。如
果从内容来看，对原来古本《大学》的内容铺陈来讲，
就显得更明白一些，原来的缺陷得到了一些弥补，解
读它的时候就觉得这个层次更清楚，内容也没有缺陷，
这是明道先生改订的《大学》。

　　程颐也对《大学》做了改订 ❶，与程颢的改本有所
不同。程颐觉得在三纲后面加进它的解释可能打乱了
经一章，所以他还是维持经一章三纲八目的结构，然
后把对三纲的解释和八目的解释放在一起，这样它的
结构就不是四段，而是两段，前面是讲三纲八目，后
面是对三钢八月的解释。这个做法就隐含了后来朱熹
所讲的经传之分，前面是讲了三纲八目的主题，后面
是三纲的解释、八目的解释，这是伊川先生改订《大
学》的第一个跟他哥哥不同的地方。第二个不同就是
"在亲民"，伊川明确地说"亲"当作"新"，应该改成
"新"字。古代文献其实"亲"和"新"是通用的，但

---

❶ 《二程集》下册《程氏经说》卷五《伊川先生改正大学》，中华书
　局 2004 年，第 1129—1131 页。

是他明确主张"亲"字应作"新"来解释。这两点是伊川先生改订《大学》的主要特点。

朱子的改本吸收了北宋二程先生对《大学》文本的调整，整个内容结构分为两部分，一部分是经，就是《大学》的第一章，第一章包含两部分内容，前面是三纲领，后面讲八条目。朱子说经一章是孔子之言，曾子述之。从文献上来讲，朱子这个改本明确区分了经传：经一章和传十章。经一章为孔子之言，曾子述之；传十章为曾子之意，门人记之，把它们清楚地分开。在内容上朱熹把经一章区分为三纲领和八条目，这样我们在掌握《大学》文本的时候，就更加清楚了，经是提出主题，传是对主题进行具体的解释。朱熹这个讲法是一个新的自觉，以前明道的改本、伊川的改本没有明确提出经传之分，所以两部分的关系就没有说得那么清楚。有了经传之分，对《大学》内容结构的关系就可以有一种更自觉的理解。把主题分为纲领和条目，也是有意义的，因为条目可以说就是工夫条目，理学的工夫论主要是通过条目来建立的，三纲领不是工夫，这是朱熹宏观上的区分。

程颢认为"《康诰》曰""汤之《盘铭》曰""《诗》云'邦畿千里'"三句都是解释三纲领的内容，程颐说"在亲民"的"亲"字应该是"新"。朱熹继承了这两点。这种调整和确定有其逻辑合理性。因为《康诰》讲"克明德"，与"明明德"是对应的；"汤之《盘铭》"是讲"新""日新"，如果是"亲民"，这个"亲"字跟后面"汤之《盘铭》曰"里面讲的就不能对应；亲如果读为新，就对应了。"《诗》云'邦畿千里'"后面有关于"止"的问题，与"止于至善"对应。因此，不能说理学家只是为了迁就他们自己的义理做了这样的解释，从文献学和文本内在逻辑来讲，这个调整也有其合理性。

朱子的这个改本，不仅区别经、传，分别纲领、条目，他还做了一件特别突出的事，就是他不认为在《大学》原来的古本里面有明道先生所讲的格致的解释。程颢把"自天子以至于庶民"到"此谓知本""此谓知之至也"，作为格致的解释，朱子不认同，他认为这里是有阙文。从文献学上来讲，朱子跟二程的理解有一个不同，二程认为只有错简，没有阙文，但是朱子认为既有错简又有阙文，错简就是解释三纲领的部分文字错置到后面去了，阙文就是缺了格物致知的解释。既然《大学》文本的前面都有"所谓诚其意者""所谓修身""所谓齐其家"，原文就应该有"所谓致知"或者"所谓格物"。那么现在文本里没有，怎么办呢？朱熹从传播《大学》的义理考虑，从道学的角度出发，做了一个《补格物致知传》，就是"所谓致知在格物者"那一段文字，这就把那两个意思做了一个补传。朱熹主要是依据二程对格物致知的解释来做补传。这样做是为了便于大家学习，不是冒充古本，是方便大家学习掌握它的义理。他认为《大学》里面最重要的就是格物，所以他必须补格物致知传。这也是他后来受到人们攻击最大的一点，很多人说他不应该做这个补传。朱熹自己也讲，他不是为了冒充古本，而是因为这个地方最重要的环节缺失了，思想缺失了，所以他是依据二程的思想，在义理上补足对格物致知的说明，也是不得已。这可以说是朱熹改本里最大的一个特点。

朱熹把他所作的改本《大学》编入"四书"，把《大学章句》《中庸章句》《论语集注》《孟子集注》合编为《四书章句集注》，这在南宋以后经典的历史上和儒家思想的历史上，起了很大的作用。应该说这个做法在根本上提高了《大学》的地位，奠定了《大学》在后来八百多年来的巨大影响。如果没有朱熹把四书编在一起的这个举措，把《大学》和《中庸》提高到与《论语》《孟子》相同的经典地位，《大学》不可能在这八百多年里面有这么深远的影响。

以上我们讨论了《大学》改本的问题，《大学》改本以朱子的改本为最具代表性。最后我们再提一下明代的王阳明。实际上"《大学》古本"这个概念是到了明代王阳明才提出来的。王阳明针对改本，在跟湛甘泉讨论《大学》的时候就开始使用了古本的概念。《大学》古本这个概念提出来是针对改本，阳明作的书叫《大学古本旁释》，也叫《大学古本旁注》，突出《大学》古本这个概念。这是一个完全反对程朱理学《大学》论的文献概念。王阳明是针对朱熹的，他认为《大学》本来无错简可正，无阙文可补，以此把朱熹对于格物的解释废掉，建立自己对格物的解释。于是他发明"心即理""格物即格心"这样的讲法。晚年他又发明了"致知"之说，就是良知论，阐发他的良知之学。所以，王阳明关于《大学》古本观念的提出和确定，从一开始来讲就不是一个文献学的工作，他是带有明确的思想指向，就是要废除程朱理学关于《大学》思想和格物的理解，建立起在心学基础上的格物论和良知论。他的《大学》古本的讲法从他自己来讲当然是一种关于思想的活动，但是他这本书出了以后，在明清时代就带起了一大批关于《大学》古本的研究学者，追问在文献上到底哪个是正确的，掀起了一波新的关于《大学》古本研究的高潮。

三、《大学》的思想与诠释

　　首先,《大学》的问题意识和问题的重点。 郑玄说《大学》"以其记博学,可以为政",他前面那半句话可能是错的,可是后面那半句话应该是正确的,认为《大学》重在讲为政的方面。与《学记》进行对照,我们往往会比较狭义地理解大学之道,认为大学和大学之道仅仅是教育学意义上的教育之道,主要是讲教育思想。这个理解应该说有一些狭隘,因为《大学》八条目里面,齐家以后治国平天下,明显是与为政有关系的,所以郑玄的"可以为政"之说,他是有所见的。因此,从这个角度来讲,《大学》是把个人修养、社会实践和最高理想放在一起论述。用我们后来的讲法,《大学》应该讲的是内圣外王之道、修齐治平之论,而不仅仅是修己,不仅仅是内圣。它是要彰显内圣王外之道,要建立修齐治平的大道理。正是因为这个特点,我们看关于《大学》主题和问题意识的理解,应该说在历史上经历了几种改变。

　　唐代以前对《大学》的理解主要侧重在为政论,郑玄就是一个例子。孔颖达也说"此《大学》之篇,论学成之事，能治其国"❶，都是非常突出为政治国。

宋代以后，宋儒的重点是把对《大学》的理解放在修身上，因为修身也是《大学》的一个主题，其中明确声称"以修身为本"。但是，对于修身的重点，宋人又把它放在格物上，这也可以看出学术思想史上的一个变化，就是对《大学》的理解，从宋代开始，几百年里面都把《大学》文献的问题意识和理论重点放在"格物"上。这一点到了明代才发生转变，认为修身论的重点不是在格物，应该是在致知，而致知就是致良知，要在致良知的基础上来界定格物。

其中具体的变化我们可以再简单地讲一下，汉代时代侧重在为政论，是郑玄所代表的。唐代的代表就是韩愈，韩愈的《原道》里面开始引用《大学》，说"传曰：'古之欲明明德于天下者'"，然后他的结论是说"古之所谓正心而诚意者，将以有为也"❷，《大学》从"明明德于天下"到"正心诚意"都是一种有为论，不是无为论，批评佛老的无为论。这都是从政治上说的。韩愈又说"今也欲治其心而外天下国家，灭其天

---

❶ 《礼记正义》（下册）卷六十六，［汉］郑玄注、［唐］孔颖达疏，吕友仁整理，上海古籍出版社 2008 年，第 2236 页。
❷ 《韩愈全集校注》第五册，屈守元、常思春主编，四川大学出版社 1996 年，第 2664 页。

常，子焉而不父其父，臣焉而不君其君，民焉而不事其事"（同上）。他认为这些都是受到佛老无为思想的影响，根本违背了《大学》的观点。所以，韩愈主要是把《大学》作为一个政治伦理的经典，用《大学》来维护社会的宗法秩序、伦理纲常和社会分工，强调儒学在《大学》里面所体现的社会义务——齐家治国平天下，用这个来批评当时出世主义的宗教。因为出世宗教违背每个人所负的社会义务，而《大学》对出世的宗教是一个有力的批判武器。因此，韩愈对《大学》的引用态度很明显，他是在政治上、伦理上抨击佛教，还没有深入到格物致知这些问题上。唐以前重在为政论，从郑玄的解释到韩愈的发明都显示了这一点。

宋代以后《大学》诠释的重点已经从政治论、为政论转移到修身论，但是修身论的重点在历史上是变化的。这种变化应该从唐代开始说起。孔颖达强调要"能治其国"，但是他讲《大学》先从诚意为始，"本明德所由，先从诚意为始"❶，就是说如果讲修身论的话，孔颖达认为《大学》的修身论应该是始于诚意论，诚意论既是开始也是重点。我们看到修身论的重

---

❶ 《礼记正义》（下册）卷六十六，［汉］郑玄注、［唐］孔颖达疏，吕友仁整理，上海古籍出版社 2008 年，第 2236 页。

点在唐代是这样理解的，应该说在某种意义上也是合乎《大学》古本的论述次序，因为《大学》的古本把对诚意的解释放在特别靠前的位置，于是《大学》修身论的重点，在早期是集中于诚意。接下来到北宋、南宋，修身的重点就开始变成格物论，不是把"诚意"作为《大学》之始、《大学》的重点，而是把格物作为《大学》的基点和开始入手的地方，这就是二程和朱熹的努力。这个理解有它的道理，因为八条目的逻辑关系最后是归结在格物致知上面，它从"明明德于天下"一直推到最后是"致知在格物"。所以，二程和朱熹重视"格物"，在文献上有他的理由，在整个体系的把握上也是有其道理。最后的变化就是到了明代王阳明的时代，那是对整个朱子理学的《大学》解释的一种反叛，所以特别强调对致知的理解，把"知"解释为"良知"，用"致良知"来收摄格物和其他的条目。《大学》主题的问题意识、理论重点在历史上的变化，从为政、诚意，到格物，再到致知，可以说有这么一个变化的脉络。

其次，《大学》格物论的诠释。从历史上来讲，对《大学》的政治论的讨论没有什么特别的争议、论辩，《大学》文本的思想引起讨论和论辩最多的，还是格物。下面简单讲一下关于格物论的诠释在历史上的演变。

郑玄注释格物说，"格，来也；物，犹事也。其知于善深，则来善物，其知于恶深，则来恶物。言事缘人所好来也"❶。"来"有招引的意思，是说你对善了解得深，就能招引来善的东西，你对恶了解得深，就能招来恶的东西。所以，他说"缘人所好来也"，都依据于你自己的所好，外物就来了。所以这个讲法，他所理解的格物是一种道德感通论的讲法。

郑玄的这个注释也影响到孔颖达，但是唐代比较有代表性的还不是孔颖达，而是韩愈的弟子李翱所代表的一种对格物致知的理解。李翱写了一篇文章，说"致知在格物"是什么意思呢？他说"物者万物也，格者来也，至也"❷，"格者来也"还是郑玄的讲法，但是他加了一个"至也"，"至"就是到什么地方去，那个"至"就是"止于至善"那个"至"。然后他解释说，"物至之时，其心昭昭然，明辩焉而不应于物者，是致知也"。什么是格物？就是物来了以后你的心非常明白，昭昭然，这是格物。什么是致知？你的心能够明辨于物，可是不执着于物，这个叫致知。所以，"心昭昭然"和"不应于物"这个讲法，就可以看出李翱所

---

❶　同上，第 2237 页。
❷　《李文公集》卷二《复性书》中，四部丛刊影明成化本。

理解的格物致知论是受到了佛教的影响。李翱这个讲法，实际上讲的是心物论，但他是用养心论的讲法来讲，不是一种认识论的心物关系，要昭昭然而不着于物，更多是一种养心论的说法。我们说郑玄论是一种感通论的讲法，但是李翱是一种养心论的讲法，所以他对格物和致知的解释都伴有佛教的色彩。

北宋最有代表性的应该是程颐。程颐说，"格，至也，言穷至物理也"❶。"格，至也"吸收了李翱的讲法，当然"来"也好"至"也好，在训诂学上都是有根据的，不是哲学家的编造。但是，他特别提出"至"应该也受到了李翱的影响，就是"格，至也"，"至"是什么呢？"穷至物理也"。为什么要强调这个"至"呢？就是穷理要到物上去穷理，不能离开物去穷理，所以他老说"穷至物理"，这是一种讲法。第二种讲法，他不是用严格的训诂学，而是用理论的解释学，说"格，犹穷也，物犹理也"❷，那什么是格物？"格"就是穷的意思，"物"就是指理，格物就是穷理，"穷其理而足以致知，不穷则不能至也"（同上）。这是程颐特别的发明，用《易传·说卦传》"穷理"一词来解

❶ 《二程遗书》卷二十二上，上海古籍出版社 2000 年，第 332 页。
❷ 《二程遗书》卷二十五，上海古籍出版社 2000 年，第 373 页。

释《大学》"格物"，他所建立的对格物的解释是"穷理论"的解释，不是感通论，也不是养心论。这个思想被朱熹完全继承了。朱熹说"格，至也；物，犹事也。"❶郑玄注格物，"格，来也，物犹事也"。所以，朱子讲"格，至也，物犹事也"，"物犹事也"还是吸收了郑玄的解释。朱熹又说"穷至事物之理，欲其极处无不到也"（同上），这个"至"的意思是说要穷理到物上去穷，要把它穷得很彻底。如果用一个比较简明的说法，用朱熹自己的说法来解释格物，就叫作"即物穷理"，"即物"就是要到物上去，不要离开物，要"即物穷理"。朱熹《补大学格物致知传》说，"言欲致吾之知，在即物而穷其理也"❷，"致知"是怎么把知识扩大，就是要"即物而穷其理"。他说：《大学》始教，必使学者即凡天下之物，莫不因其已知之理而益穷之，以求至乎其极。至于用力之久，而一旦豁然贯通焉，则众物之表里精粗无不到，而吾心之全体大用无不明矣。"（同上）总之，朱熹是继承了"二程"，用穷理来把握格物的主要精神，同时强调"至物"，强调"即物"，不离开事物，以区别于佛教的思想。

---

❶ 《四书章句集注·大学章句》，中华书局 2011 年，第 5 页。
❷ 同上，第 8 页。

关于格物论，明代的代表就是王阳明，他说"格者，正也，正其不正以归于正""物者，事也，凡意之所发必有其事，意所在之事谓之物"（《大学问》），"去其心之不正，以全其本体之正""意之所在便是物"（《传习录》上）。他不直接说物就是万物，而是说意之所在，就是脑子里想一个念头，想一个什么东西，这个就是物；纠正意念，就是格物。王阳明是用他的正心论来解释格物，不是从穷理的角度来解释格物致知。

郑玄所讲的感通论，程颐朱熹的穷理论，王阳明的正心论，代表了历史上对格物观念的基本诠释。

再次，《大学》思想的当代理解。《大学》是一篇古代文献，宋代以后变成了儒家新的经典，在将近一千年的历史上发挥了非常重要的作用。《大学》思想的重点何在，哪些思想是重要的，哪些概念是重要的，上面论述了很多。它从为政论到修身论的不同变化，反映了当时的时代、当时的社会，对《大学》中理论的一种选择、一种需要。今天来解读《大学》，怎样建立我们今天的角度，这是值得思考的。我认为《大学》在古代被关注的那些问题，也许在今天我们不必那么重视，反而在古代没有受到重视的问题，可能我们在今天要更多地加以强调。

我基本的想法就是，《大学》的六个条目很清楚，为什么《大学》本文只讲六个条目，没有讲格物致知那两个条目呢？我觉得一定意义上说明那六个条目的含义是比较清楚的，而格物、致知从一开始意涵就不是很清楚，所以到了给它做传的曾子门人和七十子后学都觉得有困难。宋代的人根据当时的需要特别重视格物，这当然有其原因。因为宋代的士大夫要通过科举考试成为士大夫队伍的成员，科举考试所要求的不仅是单纯的正心诚意的道德修养，宋代中央集权的官僚制对于士大夫的要求也不是仅仅做一个道德的君子，他必须在知识、能力方面达到一个相当的水平，至少需要通过科举考试。因此，穷理说成为这个时代士大夫的基本工夫论，有它的必然性，它要提供给所有的士人一个最具有普遍性的工夫基础，就是格物穷理。所以，这有它的时代必然性。

但是，我们今天来看，格物、致知不像正心、诚意在心性修养方面讲得那么直接，甚至于我认为传十章里面对正心和诚意的解释，其道德意涵也并没有被突显出来。它对正心和诚意的解释，不是从善恶邪正这方面来讲，它从"心不在焉"这个角度来讲，所以即使是传，对于正心诚意的道德性的突出也是不够的。因此，我想从这些方面，可以对《大学》的重点做一些新的理解。

一、《大学》陈述的思想里面，应该最被突出的是它所讲的以忠恕为中心的儒家伦理。《大学》原文讲"是故君子有诸己而后求诸人，无诸己而后非诸人。所藏乎身不恕，而能喻诸人者，未之有也"，这就是"己所不欲，勿施于人"的恕道，这是很明白的。《大学》把恕道又称为"絜矩之道"："是以君子有絜矩之道也。所恶于上，毋以使下。所恶于下，毋以事上。所恶于前，毋以先后。所恶于后，毋以从前。所恶于右，毋以交于左。所恶于左，毋以交于右。此之谓絜矩之道也。"这和《中庸》里面讲的忠恕之道是一样的，《中庸》里面讲"子曰：忠恕违道不远"，什么是"忠恕"？"施诸己而不愿，亦勿施于人""君子之道四，丘未能一焉"，哪"四道"呢？"所求乎子以事父，未能也；所求乎臣以事君，未能也；所求乎弟以事兄，未能也；所求乎朋友先施之，未能也"（《中庸》）。君子之道四，中心讲的就是忠恕，忠恕是什么？"施诸己而不愿，亦勿施于人""己所不欲，勿施于人"，用《大学》的语言就是"君子有诸己而后求诸人，无诸己而后非诸人"，这与《中庸》也是一样，把它的原则提出来，然后列举不同的待人之道。

在《大学》里，这些对于上下左右的强调，它包含的不仅是个人的待人之道，同时也是作为一个社会之道，所谓社会之道就是社会的价值论。所以，以前有学者提出来，《大学》所讲的这些君子的"絜矩之道"等都是针对"民"来讲的，因为它是放在治国平天下、治民这个框架下来讲的，所以它不仅仅是个人的修身，它包含着治国理政。治国理政就是要树立一个主流的价值观，要把忠恕之道树立为社会的主流价值观，在这点上《中庸》与《大学》是一致的。因此，我觉得这个讲得明明白白，宋明理学虽然正确地说明了这些文献的意义，但是没有特别强调这些话的意义，也许因为当时社会的主流价值观就是这样，是大家都知道的，不用再多说了。但是今天我想是不一样的。我们在很长的一个时代里切断了中华文化的主流价值观，并否定它。十八大以来我们才真正提出社会主义核心价值观的建立要有它自己的基础、根脉和源泉，这个根脉源泉就是中华优秀传统文化的价值观。这个价值观不仅仅是讲仁爱、重民本，很重要的一条就是贵忠恕。忠恕之道是孔子一以贯之之道，是儒家伦理最根本的原则，而且从今天来讲它不仅反映了儒家一贯的伦理追求，同时具有普世性，是有普世价值的。世界宗教会议在开会的时候，确认的世界伦理的金律就是"己所不欲，勿施于人"❶。所以，今天无论是从全世界确立世界伦理的角度，还是从我们中国自己怎么确立社会主义核心价值观，认清社会主义核心价值观赖以支持的基础的角度，《大学》的这一番表达我觉得都是很重要的。当然，这个思想在四书里面都有，《论语》里面也讲到了，讲得比较简单，《中庸》里面也讲了，《中庸》讲的与《大学》是类似的。所以，我们今天如果要读《大学》，我认为可能要转变以往八百年我们对格物过度的关注，要更加重视《大学》对儒家伦理原则和精神的阐述，这是我讲的第一个认识。

二、正心、诚意这两个条目没有问题，但是过去的传十章里面对正心诚意的解释没有突出道德性，或者说道德性突出得还不够。这样对正心的解释，我觉得模糊了正心的属性，这还不如没有传，我们直接讲正心的理解可能还好一点。这样比较起来，我觉得《大学》特别强调修身论，可是修身论里面有一个没有作为条目来讲，而是在诚意里面附带讲的概念，就是慎独。其实这应该被我们今天重视为一个独立的条目，因为《大学》的诚意修身论述也要以慎独来落实。

---

❶ 1993 年，世界宗教会议通过的《全球伦理宣言》中，提出把中国先贤孔子的"己所不欲，勿施于人"作为伦理金律。

其实我觉得在《大学》的工夫论里面，道德修养讲得最明确的，还是慎独。对于慎独，文本解释里面也讲了，诚意的传里面也讲了，就是强调品德高尚的人即使是在独处的时候还是要谨慎地修养自己，品德低下的人在私下里独处的时候可以无恶不作，但是他一看到道德高尚的君子就躲躲闪闪，掩盖他自己要做的坏事。所以，别人其实是可以看到你的内心的，你掩盖也是没有用的，因为所有内心的真实都会表现在外面。所以，一个君子即使一个人在独处的时候也一定要谨慎地修持。这个道德修养的意义还是很清楚的。慎独以修身，我觉得这个在《大学》里面讲了，在《中庸》里面也讲了，在我们新时代的解读里面，慎独也应该是一个被强调的重点。

三、《大学》首章大学之道第一条"在明明德"。"明德"是中国的古老思想，在周代出现非常多，而讲"明明德"的不是很多。我们现在看到一处较明确的就是《周易》晋卦的象传，说"君子以自昭明德"，"昭明德"和"明明德"意思就比较接近了，因为昭就是广大、彰显的意思。"昭明德"这个讲法在春秋时代比较多见，包括在古语里面都有，反而"明明德"这个讲法倒是少见。虽然少见，但是它跟历史上六经古籍里面各种有关明德讨论的思想是一致的。我们知道，十九大以来中央文献中关于"明德"的问题开始受到重视，我觉得对于"明德"这个问题所产生的重视，应该不是直接从六经和古籍《左传》来的，这更多是说明了《大学》的影响力。所以，今天我们提出明德的重要性，对明德重要性的认识，应是来自于八百年前《大学》传承的深远影响。如果不是我们已经有八百多年《大学》的深远影响，如果不是《大学》里面讲了"明明德"，恐怕我们今天就不会特别关注提到"明德"。所以，从这个角度来讲，我觉得《大学》的明德思想和"明明德"的说法应该是我们今天强调提倡明德论的一个主要来源。因此，我们今天要更好地结合中国古代文化里面对明德的论述，进一步阐述《大学》里面的明德说法，让它为我们今天新时代的社会主义文化服务。

《中庸》的历史地位与影响

《中庸》这本书的最早记载见于西汉司马迁的《史记·孔子世家》，《孔子世家》主要是讲孔子生平及其弟子的主要活动，司马迁在这里明确说"子思作《中庸》"。子思就是孔子的孙子。因为司马迁是伟大的历史学家，《史记》是伟大的历史著作，所以具有很高的权威性。司马迁这个明确的记载和肯定，对《中庸》的著作者和著作的时代，做了明确指示。

　　司马迁之后，另一部伟大的历史学著作就是《汉书》。《汉书》比《史记》增多的一类记述就是《艺文志》，这是关于图书流传的著录。在《汉书·艺文志》里面记载"《中庸说》二篇"。对这个讲法，后世也有一些不同的分析。有些人认为我们今天看到的《中庸》，在当时应该是分成上下两篇。《汉书·艺文志》的作者看到的是有两篇的《中庸》，所以他就著录《中庸说》二篇。而真正的文献，即我们现在看到的《中庸》文本，最早是见于《礼记》。汉代的戴圣，他编的《礼记》，名叫《小戴礼记》，共四十九篇，其中第三十一篇就是《中庸》。这是《中庸》作为完整的文献文本留传下来的。

关于《中庸》的作者是子思，《孔丛子》也有记载。《孔丛子·居卫篇》里面就引了子思自己的话，他说他的祖先是孔子，"祖君屈于陈蔡作《春秋》，吾困于宋，可无作乎？"❶孔子困于陈蔡作了《春秋》，我困于宋，也要做个东西出来，于是他就撰"《中庸》之书四十九篇"。另外，在《孔丛子》里面还记录了鲁穆公与子思的一个对话，鲁穆公问子思，说你的书里面记了很多夫子之言，就是孔夫子之言，有些人认为这其实是你自己的话，"或者以谓子之辞"。子思说，我记的那个吾祖之言，"或亲闻之者，有闻之于人者"❷，有的是我亲耳听到的，有的是听别人转述的，但是总体来讲"不失其意"也，它的大意都保存下来了。以上记述表明，《中庸》的作者应该是子思。所以，从汉代以后，一直到唐代，历代都接受，都认为子思作

---

❶ 《孔丛子·居卫第七》，引自《百子全书》（一），岳麓书社 1993 年版，第 256 页。

❷ 《孔丛子·公仪第九》，引自《百子全书》（一），岳麓书社 1993 年版，第 257 页。

《中庸》。

但是到了北宋，对这个问题有了不同的声音。北宋思想家、文学家欧阳修，他从内容开始提出对作者的怀疑，《中庸》到底是不是子思作的。他的理由是这样的：子思是圣人之后，他是孔夫子的孙子，"所传宜得其真"，他传下来的东西应该是真实的，"而其说有异乎圣人者，何也？"❶可是他这个说法里面有的跟孔子不太一样，这是为什么呢？那么，在什么方面《中庸》里面讲的，跟孔子讲的不一样呢？他说，我们看《论语》，孔子是一个圣人，但是他是"学而后至，久而后成"，他是一个"学而知之"的圣人。但是，子思在《中庸》里面讲"自诚明谓之性，自明诚谓之道"，这意味着"自诚明，生而知之也；自明诚，学而知之也"❷，那就是在"学而知之"以外，还有"生而知之"这样的人。他说，孔子尚且是需要经过学习才达到圣人的，如果说还有"生而知之"者，不用学就能成为圣人的，那谁能当得起？那就没人当得起了。所以他认为这个讲法，是一个"无用之空言"，是一个空话，没有用。这种观点，在他看来是有点荒谬的，不像是

❶ 欧阳修《问进士策》(三)，载张春林编《欧阳修全集》，中国文史出版社1999年版，第232页。
❷ 同上。

孔子的话。既然不像是孔子的话，这个作品的作者应该就不是子思。所以，欧阳修对作者是不是子思提出了一些怀疑。宋代以后，就对《中庸》作者有了一些不同的议论，但总体来讲，应该说绝大多数的学者还是接受子思作《中庸》这个结论。

一、先秦中庸思想的发展

《中庸》的核心概念就是中庸。"中庸"这个词也可以分解为"中"和"庸"，在这个意义上，中庸的思想不是到子思才出现的。在某种意义上，"中""庸"，特别是"中""和"这些概念，在中国文化史上，传承有自，有很古老的历史。我们可以从以下几个方面展开来讲。

第一，《易》之中道。《易》就是《周易》。《周易》这本书里面，有几个概念是常用的，比如说"中行"，行就是行动的行、行为的行；像"中正""中道"，还有"得中"，这样的概念，在《周易》里面是常见的，其中都有"中"这个概念出现，这就表示在《周易》里面，"中"是很重要的概念。当然《周易》成书不是一时一地一下子形成的，经历一个过程。最早，有些卦爻辞可能在西周时代就已经出现了。因此，《周易》里面出现的这些与"中"有关的观点，代表了至少在西周到春秋时期，中国文化对"中"观念的重视、了解。《观》卦彖辞说"中正以观天下"，《豫》卦小象辞说"以中正也"，都强调中正。"中"这个概念在早期，它主要的意义就是中正。《蛊》卦小象辞讲"得中道也"，提出了"中道"的概念。"中道"在当时来看，联系前面说的一些卦辞，其主要含义应该是中正之道。

与"中道""中正"的观念相连接，还出现一些类似的观念，其中比较有代表性的像"中行"。《夬》卦九五爻辞讲"中行，无咎"，如果你能够中行的话，就不会有什么灾祸。《泰》卦九二爻辞"得尚于中行"，小象辞说"以光大也"。所以这些在《周易》里面的内容中，我们看到对"中行""中正""中道"这些概念的重视。在儒家五经里面，对"中"提倡最多的一部经典，就是《周易》。《同人》卦彖辞也讲"文明以健，中正而应"，等等，类似的表述在《周易》里还有很多。这是从先秦看《中庸》思想的根源，第一部书就是《周易》。因此《周易》里面关于中正之道、中道的思想，最有代表性。

第二，《书》之"执中"。《书》就是《尚书》，《尚书·大禹谟》讲"允执厥中"。"允执厥中"，后人就把它简化为"执中"。孟子说汤"执中","禹恶旨酒而好善言。汤执中，立贤无方。"(《孟子·离娄下》)就是说在大禹之后，汤也是讲"执中"的。《论语·尧曰篇》载："尧曰：'咨！尔舜！天之历数在尔躬。允执其中。四海困穷，天禄永终。'"所以从尧、舜、禹到汤，很早就开始有这种"执中"的概念。什么是"执中"呢？这个"中"跟前面《周易》所讲的这种"中正"的观念，应该是接近的。但是在《尚书》里面讲的"中"，它更强调中正不偏。《尚书》特别强调"无偏无倚"的思想，不能偏左，也不能偏右，不能偏上，也不能偏下，《尚书·洪范》说"无偏无陂，遵王之义""无偏无党，王道荡荡"。可见，《尚书》里面所讲的"执中"，虽然也包含了中正之道的意义，但是它更具体地表达了"无偏无倚"这样一种"中"的思想。

这种思想在《尚书》里面，也把它上升为一种德行，就是说"中"不仅是道，而且也是德。道是根本的原则，比如说中正之道，它是治国理政的根本原则。在古代的政治文化里面，它是一个基本价值。在最近几年看到的一些出土文献里面，在记载上古历史的时候，都很强调这个"中"，它发挥了价值作用。但是在《尚书》里面，如《酒诰》篇讲"作稽中德"。《周易》讲"中道"，《尚书》讲"中德"，那就是说"中"，它不仅仅是治理国家的一个根本原则，这个中正之道，它也是人之德，是从天子到庶人的一个基本的德行。在《尚书》里面，"中"字虽然没有《周易》里面出现那么多，但是从它出现的历史来看，它是从尧舜禹一直往下相传，天子都非常重视这个"中"的把握。"执中"的"执"应该是把握的意思，要掌握住这个中正之道，这个根本的原则。这是上古时代，特别在政治领域，对"中"概念的一种重视。

"执中"是从尧舜禹到汤，都已经非常重视的一个观念。这个"中"不可能跟后来的中庸的"中"没有关系。比如说"执中"，到了后来，大家更多地把它表达为"执两用中"，对这个思想做了发展。在《尚书》里面，虽然有了"不偏不倚"的思想，但是关于"执中"这个表达，还没有用"执两用中"。到了孔子这个时代，就开始出现"执两用中"的概念，"执其两端而用其中"❶，不走极端。当然，这也可以说是不偏不倚。"执两用中"，当然就有"用中"的概念出现了。从后来的理解，"用中"就是中庸，中庸就是用中。因为庸就是用的意思。所以，中庸也就是用中。我们说从

---

❶ 《中庸》："子曰：'舜其大知也与！舜好问而好察迩言，隐恶而扬善，执其两端用其中于民，其斯以为舜乎？'"

"执中"到"执两用中"，到"用中"，到"中庸"，它有一个发展的过程。

第三，孔子论"中"。《论语》里面，孔子明确把"中庸"作为重要的德行，他说"中庸之为德，其至矣乎"（《雍也第六》），至德是最根本、最重要的德行。这可以说是对《尚书》之"中德"做了明确的发展。《尧曰》篇记述了"允执其中"，这与《尚书》可以呼应。那么《尚书·大禹谟》，后人认为这一篇为古文《尚书》，有可疑之处，不是《尚书》的原本，可能是后人根据一些残留的片段，把它编成的。但是，《尧曰》篇的"允执其中"，与《大禹谟》的"允执厥中"不是巧合。应该说，《大禹谟》这一篇所组成的资料，它是《尚书》的原始资料的一部分，至少表达了跟《尚书》那个时代的同期思想。所以它能够跟《论语》有这个巧合。但是从孔子开始，我们看孔门论"中"，还有一个明确的发展，除了把中庸作为至德以外，他强调这个"中"的"无过不及"的一面，如孔子"执两用中"的思想。《论语》里，孔子还讲"不得中行而与之，必也狂狷乎，狂者进取，狷者有所不为"（《子路第十三》）。一个是进取，一个是有所不为，"不为"就有点不及，"进取"就有点过。孔子还说"师也过，商也不及""过犹不及"（《先进》第十一）。所以在《论语》里，孔子论"中"，不但继承了《周易》的"中行"的观念，而且把这个"中行"与"过犹不及"联系在一起。什么是中行？中行就是过犹不及，既不能过，也不能不及，这个就是中行。这也可以说发展了"不偏不倚"的思想。但是比较起来，"不偏不倚"这种思想，不如"过犹不及"在人生实践上我们体会得那么亲切。

在孔子的影响下，《礼记·中庸》之外，《丧服四制》里面说"丧之所以三年，贤者不得过，不肖者不得不及，此丧之中庸也"。这是讲丧礼的实践怎么掌握，有一个中庸。什么是中庸？指三年之期。超过了，变成四年不行，两年不及也不行。所以"贤者不得过，不肖者不得不及，此丧之中庸也"。这也是秉承了孔子的中庸思想，就是用"过犹不及"来显示"中庸""中行"的独立不移、恰好的意义。从《尚书》的"执中"思想，到孔子论中庸的思想，从"执两用中"，到"丧之中庸"，我们看到，"中"不仅像《周易》和《尚书》里讲中正之道的意义，它开始发展出一个新意义，受到孔门的重视：就是它代表一个恰当合理的标准之度，它已经是对度的一个把握和呈现。它是在我们人的生活实践里边，最恰当、最合理的一个标准。这个实践，当然包括政治，也包括人生的其他方面。这表明了

"中"和"中庸"的概念，到了孔门这个时代，已经明确成为一种实践的智慧，这是儒家的一种实践智慧。在《礼记·中庸》篇也讲"知者过之，愚者不及"的问题，也明确提出这个思想。

二、汉唐时期的《中庸》学

这一时期，我们先谈一下经学与《中庸》。

东汉时期著名经学家郑玄，曾给《礼记》作注，因为《中庸》是《礼记》的一篇，所以里面也包含了对《中庸》的注解。他当时有一个最基本的论断，说中庸的庸是什么呢？"庸，用也。"❶如果庸就是用，那中庸就是"用中"，怎么把"中"这个概念用到我们的生活，用到我们的实践？郑玄认为《中庸》是"记中和之为用也"❷。因为《中庸》首章就是讲中和，中和怎么来用，这就是《中庸》这篇文章要讲的。郑玄又说，"孔子之孙，子思伋作之"。这样，关于《中庸》题解，郑玄讲了三句话，"庸，用也"，"记中和之为用也"，

---

❶ 《礼记正义》（下），《十三经注疏》标点本，李学勤主编，北京大学出版社1999年版，第1422页。

❷ 同上。

"孔子之孙，子思伋作之"。他实际上是用"用中"来解释中庸，应该说这个解释符合孔子以来的思想。

同时，我们要看到郑玄注《礼记》所带来的重要影响。郑玄注《礼记》，因为他是汉代的大儒、最博学的学者，这就造成了一个影响，使《礼记》这部书，与《仪礼》《周礼》并列为三礼。以前这三部书是各自成立，《礼记》的地位比较低。有了郑玄注《礼记》，大家就开始有了三礼之说，认为这三部礼书应该是一个整体，这就把《礼记》提高到与《周礼》《仪礼》同等的地位。因为过去只把《仪礼》看作是古代的《礼经》，因此，五经里面的《礼经》，在汉代主要就是指《仪礼》。而《礼记》，它叫作"记"，表示它是对经的一种解释、一种说明，其地位当然是要比经低一些。可是由于郑玄注了《礼记》，而且注得非常好，这就使《礼记》的影响变大了。所以这个时候，在汉魏之交就开始"三礼"并称。

到了魏文帝的时候，《三国志》卷十三《魏书·钟繇华歆王朗传》里面就说"初，肃善贾、马之学，而不好郑氏，采会同异，为《尚书》《诗》《论语》《三礼》《左氏》解，及撰定父朗所作《易传》，皆列于学官"❶。

---

❶ ［西晋］陈寿：《三国志》第 2 册，中华书局 1998 年版，第 419 页。

《礼记》立在学官，这个是西汉时代所没有的，东汉时代也没有，到了魏文帝的时候开始有。这是《礼记》第一次列于学官。"列于学官"，当然就要置博士来专门研究。不仅如此，到了东晋元帝的时候，这个变化更大了，郑玄注的《礼记》置了博士，而《仪礼》《周礼》不置博士。《礼记》的地位就超过了《仪礼》。置博士就表示朝廷设立专门人员来支持这项研究，但是到了东晋的时候，只有郑注的《礼记》置博士，连《仪礼》都没有再置博士。这是郑注《礼记》带来的一个重要影响。在古代经学，是不是"经"，能否列于学官置博士，这对经典文献的影响非常大。到了唐代有《五经正义》的刊行，由国家正式颁布天下。《五经正义》，其中《礼》就是指《礼记》，不是《仪礼》，也不是《周礼》。也就是说汉人称为三礼的典籍里面，只有《礼记》在这时正式确立为经。也可以说，到了唐朝，到《五经正义》的时代，《礼记》正式升格为经。与此同时，《中庸》就随着《礼记》地位的提升，变成整个经学里面非常重要的一个文献。

其次，佛老与《中庸》。

在佛老的影响里边，《中庸》也开始受到关注。比较早期能看到的就是南朝的戴颙，《宋书》记载，他曾为《中庸》作注。如果是这样，我们可以说他是汉代以后，个人为《中庸》作注最早的一个人。此前像郑玄，还都是把《中庸》作为《礼记》的一部分来注的。但是戴颙，他专门把《中庸》提出来，为之作注，这是有标志性意义的，表明《中庸》在南朝时代，它在《礼记》各篇里面受到了特别重视。今天讲《中庸》是四书之一，备受重视，那是宋代才有的。宋代以前，一般人把它作为《礼记》四十九篇之一，并没有特别重视它。可是在南北朝时期，它开始受到特别重视。戴颙还曾经著有《逍遥论》，《逍遥游》是《庄子》的第一篇。因为那时老庄和玄学很流行，他注《逍遥游》，说明他应该是在老庄学方面浸润很深。如果跟这个时代的思潮关联起来看，他对《中庸》的理解，可能受到道家、玄学思想的影响。可以说，从这个时候开始，《中庸》的传承全面发展，不再仅仅是儒家自己的事，《中庸》开始发挥另一方面的历史作用，就是沟通儒学与佛老。老庄和玄学的人士也开始关注《中庸》，力求在这里面实现一种儒道的融通。所以《中庸》的历史作用，在南北朝发生了标志性的转变，不仅仅是儒家经学传承它、关注它，而且儒家以外的其他的哲学、宗教思想体系也开始关注它。这是值得注意的。

更突出的是梁武帝萧衍，他是信佛的人。但是他主要是在晚年信佛。早期，他还是受儒家思想影响比较大。他曾有诗《述三教》，自述说"少时学周孔，弱冠穷六经"❶。小的时候就开始学习周公、孔子，努力学习六经，用"穷"这个字表示他真正下了功夫。梁武帝是历史上很有名的君主，主要是因为他对佛教的虔诚态度。他信佛，经常舍身进佛寺。但是朝中不能没有君主，大臣就得把他赎出来，用很多的钱去赎他，这些钱就归了佛教。他有一部著作叫《中庸讲疏》，这在史书上有记载，但是并没有传下来。他的《中庸讲疏》，从一定角度来讲，比戴颙为《中庸》作传注更有意义。因为他在历史上影响大，特别是他跟佛教有很特殊的关系，《中庸讲疏》可以说表达了梁武帝萧衍寻求儒佛会通的一个方式。

梁武帝早年，非常下功夫学习儒学。后来他中年置博士，也还是非常重视儒学的。所以史书说他"洞达儒玄""修饰国学"。所以他中年以前，对儒学、经学、儒术，非常重视。但是他晚年信佛。我们现在并不能够确切知道《中庸讲疏》是他什么年代写的。但大体上可以推断，他应该不是纯粹以佛教的角度去讲

---

❶ ［唐］道宣：《广弘明集》卷三十《统归篇·述三教诗》，《大正藏》第 52 册，第 352 页。

的，应该也不是一个纯粹从儒学方面去讲的。在当时佛教、道教、玄学盛行的南北朝时期，把《中庸》提出来，作为沟通儒学与佛教、道教玄学的桥梁，这是当时流行的思想。因此，《中庸讲疏》很可能也是儒佛会通融通的一个方式。关于儒家与佛老的思想交汇中，《中庸》发挥的作用和影响，这个课题在汉代以前是没有的，是《中庸》的历史地位和影响很重要的一个变化，它开始承担了一个儒家与佛教、道教、道家思想会通的功能。

在这个时代，还有一些玄学家也很重视对《中庸》思想的阐发，像魏晋玄学的代表人物何晏，他对《论语》做了很多研究，他也很重视中庸的思想。他说庸，什么是庸？"庸，常也"。"常"就是不变的，常常、经常、常理，"中和可常行之德也"❶。郑玄把"庸"解释为"中和之为用"，这是从用中的方面来讲。何晏进一步，认为它是用中的一个常行之德。当然在郑玄的注里也有类似的意思。但是何晏作为玄学家，更重视中庸作为中和常行之德。这说明这个时期，确确实实有各个方面的学者，都关注《中庸》，它已不仅仅是儒

---

❶ ［三国］何晏集解，［南朝梁］皇侃义疏：《论语集解义疏》，《景印文渊阁四库全书》第 195 册，第 394 页。

家的经学思想。

儒士、文士与《中庸》。

儒士是一个比较宽的讲法，不一定是研究经学的那些儒家学者，而是受到儒家思想重要影响的一些文士。《五经正义》颁布天下后，科举考试就用《五经正义》作为出题考试的内容和标准，有很多的试题出自《礼记》，自然《礼记·中庸》篇也成为当时的世人学习的重点。所以当时的学者，要参加科举考试，就不能不念《礼记》，不能不念《礼记正义》，要学习郑注孔疏，要熟悉《中庸》。如贞元十九年科举明经科，明经就是考你经学的学习程度，第二题就是出自《中庸》。这就进一步带动了大家对《中庸》的关注。《中庸》的思想内容比较特殊，与其他各篇不一样。《礼记》有些篇是对古代礼经及具体的礼文节目的解释，比如说规定丧礼要摆什么祭品，古礼里有一些规定，阐发为什么是这样，做一些具体的发挥、解释、说明。因此，其意义只能是一种礼节的、仪式的、具体的，就不能够代表国家所需要的比较高的、普遍的一种人文教养。但是《大学》《中庸》不一样，它不是一个关于历史仪式的细节、一个具体的规定，是用猪还是用牛，还是用羊。《中庸》跟天地、鬼神、德行、实践相关，它所代表的人文性、人文教养，不是《礼记》一般篇章所能相比的。因此在唐代，任何一个士子，他在关注《礼记》的时候，都会对《中庸》有更多的关注。唐代大文学家韩愈，在贞元九年（793 年）二十六岁的时候去应考，考题来自《论语》，叫"颜子不贰过"，结果他用《中庸》的思想去答这个题目。韩愈一上来就说："夫圣人抱诚明之正性，根中庸之至德。"❶"诚明"出自《中庸》，诚明是《中庸》的重要概念，圣人之性是诚明的正性，他的行为就是中庸的至德，能够发挥中庸的德行。韩愈接着还说了"《中庸》曰'自诚明谓之性'"等一大段话。可以看出，像韩愈这样的大文豪，他在考试的时候，对《中庸》如此熟悉，明明出的是《论语》的题，他答的语言全都是《中庸》的表达概念。可见，《中庸》在这个时代，其影响非常之大。

韩愈是中唐古文运动的代表人物，在他前后，也有些人很熟悉《中庸》。如梁肃对天台宗很有研究，又是古文运动的先驱人物，韩愈也是效仿他的。梁肃曾写过《止观统例》一文，按说讲止观是与天台宗有关，但他在文章里面两次引用《中庸》。韩愈还有一个

---

❶ ［唐］韩愈：《省试颜子不贰过论》，《韩愈全集校注》第三册，四川大学出版社 1996 年，第 1161 页。

朋友叫欧阳詹，他曾经写过一篇文章叫《诚明论》，也是阐述中庸思想，他强调圣人以下要"自明而诚"，相对"自诚明""生而知之"，"自明诚"是"学而知之"。所以当时古文运动的这些人物，都非常熟悉《中庸》思想，对《中庸》思想有专文阐发。与韩愈齐名的柳宗元，他写文章也常引用《中庸》。柳宗元有一篇著名的文章，叫《吏商》，他说君子有二道：一个是"诚而明"，一个是"明而诚"。"诚而明者，不可教以利"，就是生而知之的圣人，你要想用利益去劝说他，那根本是不可能的；"明而诚者"，"利进而害退焉"❶，他能够通过理性认识，不受到利的损害。可见，当时人们对《中庸》的思想尤其是"诚明"论特别重视。唐人对《中庸》最关注的是"诚明"，与后来人对《中庸》关注的那些点不同，因为诚明论也可以联系到人性论。比如韩愈的弟子李翱有本书叫《复性书》，这本书完全以《中庸》为宗旨。唐代儒士里面，受《中庸》影响最大的就是李翱，他通过《中庸》讲"喜怒哀乐之未发"，等等，阐发了一种性情的问题、人性的问题。李翱对《中庸》所说"天命之谓性，率性之谓道""戒慎

---

❶ 《柳宗元全集》卷二十，曹明纲标点，上海古籍出版社1997年版，第176页。

恐惧""慎独""中和位育"等做了详细阐发。最后他归结到性善情昏论，性是善的清明的，但情把善性搞昏了。李翱不仅在《复性书》中贯彻发挥了中庸思想，他还专门写过《中庸疏》一卷。李翱的《复性书》《中庸疏》，都代表了唐代儒士关于《中庸》研究的最高水平。李翱与其他隋唐时代的大多数人不一样，他关注的焦点已经不是"诚明"的问题，而是已经转移到"性情"的人性问题。这对后来宋明理学影响很大。宋明理学就不是把诚明论作为焦点，而是把《中庸》首章所讲的性情说、人性论作为最重要的理论问题。

柳宗元有一个朋友叫刘禹锡，他对《中庸》也很有研究。他在一首诗的引言中说，从前我学习《礼记·中庸》篇，至"不勉而中，不思而得"，"悚然知圣人之德，学以至于无学"❶，一下子好像有一个惊觉，通过这两句话了解了圣人之德。本来圣人讲中庸就是圣人的至德，但是他特别强调"不勉而中，不思而得"。应该说，这也是对《中庸》境界一种新的关注。这种关注跟佛教的影响有一定的关系。所以刘禹锡也特别强调，要把《中庸》与内典结合起来，内典就是

❶ 《刘禹锡集》卷二十九《赠别君素上人》引言，上海人民出版社1975年版，第268页。

指佛教的经典，与佛教结合起来，这样才能达到《中庸》的最高境界。这种理解超过了当时一般人主要是从诚明论理解《中庸》，他是从境界的方面去理解。这些都开了个头，为宋代以后《中庸》诠释的发展铺平了道路，开了先河。

三、宋明之《中庸》学

我们先看这一时期的佛学与《中庸》。

梁武帝的《中庸讲疏》，戴颙的《中庸传》，并没有完整的文献传下来。《中庸》思想通过唐代，开始受到大家的很多关注以后，到了宋代，受关注的面继续扩大。在北宋前期来看，一个最重要的力量是来自佛教。北宋初年，天台宗僧人智圆给自己起了一个号，这个号就是"中庸子"，用中庸作为他自己的号。这是具有标志性意义的。一个佛教徒僧人，号中庸子，可见儒家经典《中庸》对他的影响。他曾经写过一篇自传体文章《中庸子传》，他说自己曾"砥砺言行，以庶乎中庸，虑造次颠沛忽忘之，因以中庸自号"❶。可见，他自号中庸子，是要时时提醒自己，即使在各种颠沛流离之中，行为上、言论上，都要砥砺自己达到中庸的标准。但是有人反问说"中庸之义，其出于儒家者流，子浮图子也，安剽窃而称之耶"？他说"儒释者，言异而理贯也"，儒家与佛家说的话不一样，道理是一样的。他还特别讲，"莫不化民，俾迁善远恶也"，都是为了化民成俗，让老百姓迁善改过。那儒释有什么不同呢？"儒者饰身之教，故谓之外典也；释者修心之教，故谓之内典也。"❷儒是修饰身体行为，佛主要是管我们的心理行为。一个是修饰身体、行为，一个是修炼内心；修身以儒，治心以释。那智圆自号中庸子，他讲的中庸，其中庸到底是什么意思呢？跟儒家同还是不同呢？他说，"释之言中庸者，龙树所谓中道义也"❸，儒家讲的中庸，他也承认，但是他还要加上佛教对中庸的理解，就是龙树菩萨所讲的中道思想，就是不落两边，非有非无，非亡非存。可以看出，他一方面对中庸的思想非常重视，把中庸作为修身之教，但

❶ 释智圆《中庸子传》（上），《全宋文》第 8 册，曾枣庄、刘琳主编，四川大学古籍整理研究所编，巴蜀书社 1990 年版，第 289 页。
❷ 《中庸子传》，第 289 页。
❸ 《中庸子传》，第 290 页。

另一方面，他在中庸的理解方面，用的是佛教的中道思想。

北宋另一位僧人契嵩，也非常重视《中庸》，他有《中庸解》一文。他还给仁宗皇帝写信，结合《中庸》来讲道理，他说《中庸》讲"自诚明谓之性"，是讲人生下来，本来是有这种天生就有的诚明之性，但"及其染之，遂成人也，物也，乃与圣人者差异"❶，圣人与其他人其实都是天生就有这个诚明之性的，但是圣人能够保持，一般人不能保持，会受到俗世的染污，这样就跟圣人拉开距离了。于此可见那一代僧人对《中庸》的重视、熟悉。在《中庸解》，他还提出一个重要思想，认为《中庸》虽然在《礼记》里面，可是这部书不是讲礼的。礼是"序等差而纪制度"❷，礼主要是讲等级制度以及这些制度的具体规定。他认为《中庸》是讲"性命之说"。这个提法应该说比起智圆中庸子深入了一步。智圆还是把《中庸》作为修身的德行来砥砺自己，可是到了契嵩，他就认为《中庸》的主要思想是性命之说。而且他在《中庸解》提到很多思想，

---

❶ 《万言书上仁宗皇帝》，《全宋文》第 36 册，卷 764，曾枣庄、刘琳主编，上海辞书出版社、安徽教育出版社 2006 年版，第 115 页。

❷ 《中庸解第一》，《全宋文》第 18 册，卷 772，曾枣庄、刘琳主编，四川大学古籍整理研究所编，巴蜀书社 1991 年版，第 623 页。

最后他有一个结论，他批评郑玄注，认为郑玄注没有把握住《中庸》的大意，"郑氏者，岂能究乎性命之说耶"❶，像郑玄这样的人，他只是一个文献学家，他怎么能够穷究性命之学呢？郑玄之辈很多还是在德行论，不是在性命论、性情论来解《中庸》。这非常重要，包含了佛教对儒学文献诠释的一种积极性。传统的经学可能更多地从文献、历史、德行的角度来看，不会从更深的哲学来看，而性命论已经是哲学了。因为佛教哲学比较深刻，所以他就有另外一个视角、诠释的视野来看儒家的文献。《中庸》不应该只从制度去了解，应该从性命去了解。这个思想就打开、影响了宋代的理学家。宋代理学家就是从性命之学这个角度，"天命之谓性，率性之谓道"，从天理、天道、天命，从人性去发掘《中庸》的深刻意义，所以契嵩是非常重要的。

此外，契嵩在《中庸解》中还提出很多很有见解的看法。比如他提到把《中庸》与当时北宋经学里边特别重视的《尚书·洪范》的皇极思想比较，认为《中庸》的思想与皇极的思想大同小异。在汉代以后的经学里，多把皇极解释为大中，皇是大，极是中。那皇极之中，与中庸的中有什么关系呢？大同小异。他

---

❶ 《中庸解第三》，第626页。

说"皇极，教也；中庸，道也"❶，中庸是客观的一个根本的原理、法则，皇极是政治上教化所用的一个观点。从以上可见，从太宗到仁宗的这个时代，佛教徒、佛教学者对《中庸》思想的重视、阐发，带动提升了《中庸》的影响。

第二，儒学之《中庸》。从太宗到仁宗这个时代，从智圆到契嵩，与这些佛教大德在推进《中庸》影响的同时，在政治的层面，也出现了一股推动的力量。这个政治的力量是多方面的。科举考试最高是赐进士及第，从北宋太宗时候开始，皇帝往往要赐文给进士。如太宗皇帝赐给进士及第的就是《礼记·儒行篇》，他们认为在个人修身方面《儒行》有很重要的作用。可是到了仁宗皇帝的时候改为赐《中庸》，还要宰相在堂上高声宣读。赐进士及第《中庸》，然后受赐者，回去要把它书写在你的壁间，作为座右铭写在墙上。这是风向性的，皇帝赐《中庸》，当然士子都要学习《中庸》。

在仁宗给进士及第赐《中庸》之前的十几年，北宋真宗时代的省试已经开始用《中庸》命题。如范仲淹的省试答题就是"自诚明谓之性"，他也专门写过论

---

❶ 《中庸解第三》，同上，第 625 页。

"率性诚明"。这个风气从真宗到仁宗已经形成，非常倡导对《中庸》的学习。当时的儒学者像范仲淹，他不仅在考试里边答过《中庸》的卷子，还专门写过与《中庸》思想有关的论文。所以《中庸》在当时很受重视。北宋道学家张载年轻的时候，很喜欢讨论兵法、研究兵书，关心国家边境的安全。那时候，范仲淹在陕北做官，他就上书去拜见范仲淹，陈述他有关西北用兵的一些主张，结果范仲淹让他回去好好读《中庸》。范仲淹让张载好好读《中庸》，这不是无缘无故的，不应理解为个人的一种偏好，说明这个时代，《中庸》受到大家的普遍重视。但这也有一定的政治背景，就是皇帝亲自来推行。所以到理学家程颐评论以前赐《儒行》，说"《儒行》全无义理"。显然，他是为仁宗赐《中庸》叫好，认为《儒行》没什么义理，《中庸》才讲义理。

但是仁宗赐《中庸》出于什么目的？这个恐怕跟张载，包括程颐等理学家讲的《中庸》有所不同。因为理学家讲《中庸》是从心性修养这方面讲，但是仁宗赐《中庸》，是出于政治考虑。北宋儒臣邢昺在经学上很有造诣，他有一次在崇和殿，就是皇帝读书的地方，当时是真宗时期，真宗的崇和殿壁上挂的是《礼记图》，就是把《礼记》画成画，有讲解，其中就有

《中庸》篇。其《中庸》主要取的片段是"凡为天下国家有九经"，说治理国家的大法有九项最重要的措施。所以邢昺在崇和殿跟真宗讲话的时候，就指着"凡为天下国家有九经"，"因陈其大义，上嘉纳之"❶。真宗表扬了邢昺，而且接纳了他的看法。所以在北宋，从真宗开始，就已经体现了对《中庸》的特别重视。到仁宗赐《中庸》，当时的关注点应该是治国理政的问题，这与道学家后来重视的心性修养角度是不同的。邢昺是很重要的儒臣，他的关注点跟当时君主对《中庸》的关注点是接近的，他们更注意阐扬《中庸》治国理政的思想。

第三，道学之《中庸》，就是理学家的《中庸》。在宋代儒学，《中庸》很重要，对道学家更为重要。首先我们看宋代三先生中的胡瑗，他就有《中庸义》；道学的同路人、广义的道学里有重要地位的司马光，也写过《中庸广义》；张载的学生吕大临写过《中庸解》一卷。到了南宋，二程的门人游酢、杨时，都写过《中庸解》。游酢写的《中庸解》是五卷，杨时是一卷，他们都是程门的大弟子。朱熹的朋友石𡼖，重写过《中

❶ ［元］脱脱等著：《宋史》第37、38册，卷四百三十一，中华书局1977年版，第12799页。

庸辑略》，朱熹本身也参与了一些《中庸辑略》完善的工作。除了这些现成的著作，理学家里边，像二程的老师周敦颐，他虽然没有写过《中庸解》，但是《通书》里面贯穿了《中庸》"诚"的思想，所以有人以前也说过，"《通书》者，《中庸》之注脚"❶。道学之《中庸》，贯穿于宋元明清四代，历代的理学家大多有关于《中庸》的注解。所以一直到清代传下来，大概有几百种《中庸》的注解。如果以晚清作为截止的一个节点，最后一个就是康有为的《中庸解》。所以宋明历代的理学家和儒学大家，都有《中庸解》这样的著作，足见其影响之广之大。

到了南宋，二程的弟子都写了《中庸》的著作，当然这些也都贯彻了二程对《中庸》的理解。二程的理解，后来被朱熹概括为三句话。第一句话，说"不偏之谓中，不易之谓庸"，"中者天下之正道，庸者天下之定理"❷。这是讲什么是中，什么是庸。首先从字义上讲，然后从哲学上讲。"不易"就是常。这是二程关于中庸思想的第一句话。第二句话，"此篇乃孔门传授

---

❶ 熊道琛：《钟祥县志》卷21，民国26年版，第8页。
❷ ［宋］朱熹：《大学中庸章句》，中国社会科学出版社2013年版，第22页。此句为朱子引程子原话。

心法，子思恐其久而差也，故笔之于书，以授孟子"❶。
这句话就讲《中庸》在孔门道统里面的地位。首先，
它是孔门传授心法，是孔门专门讲治心之法，那就是
说它的重点不是治国理政，而是修心修身，但也不是
像佛教所讲的只是修身的，它是从心上做起。子思写
了这个书，传授给孟子，所以孟子思想里面也有中庸
的思想。第三句话，说"其书始言一理，中散为万事，
末复合为一理。'放之则弥六合，卷之则退藏于密'，
其味无穷，皆实学也"❷。朱熹写《中庸章句》，在前面
先把二程的话列出来，作为《中庸》总的思想的发明。
《中庸》首章"始言一理"，总的讲天道、天命、天理；
"中散为万事"，讲很多具体的东西；最后合起来，又
讲天道、天命。所以"放之则弥六合"，它可以包罗万
象，各种各样具体的事情全部讲到了；收起来，它就
是一理，就是《中庸》首章所讲的原理。

　　接下来就是朱熹了，朱熹著有《中庸章句》。先是
他的朋友石𡽪写了《中庸辑略》，朱熹不是很满意，替
他也做了一些完善的工作。在此前后，朱熹自己作了
《中庸章句》，他早年就开始关心中庸，很早就写成了

----

❶ 《大学中庸章句》，第 22 页，此句为朱子语。
❷ 《大学中庸章句》，第 22 页，"放之则弥六合，卷之则退藏于密"
　　为程子语。

此书。但是《中庸章句》真正拿出来给大家看，公开刊行，那是到他五十九岁快六十岁的时候。同时，拿出来的还有他写的另一本，配合《中庸章句》所写的，叫《中庸或问》。《中庸章句》是对《中庸》一句一句做注解，《中庸或问》是对章句中每一句话，为什么这么解释，做出理论上的说明。这个说明若都写在注解里边太复杂了，太烦琐了。因为章句注解本身是要给大家做一个教本、做教材的，最好比较简明。那在章句这里之所以这么写，不那么写，其中的理由，需要用另一本书把它讲清楚，这就是《中庸或问》。更重要的是在五十九岁，他把《中庸章句》《中庸或问》正式拿出来了。过了两年，到他六十一岁，到漳州做知府，这一年，他做了一件大事，就是把《论语》《孟子》《大学》《中庸》合刊，刊印了合刊本，命名为"四书"。朱熹对四书的注解就叫《四书章句集注》。《大学》和《中庸》，他写的是《大学章句》和《中庸章句》；《论语》《孟子》，他写的是《论语集注》和《孟子集注》。合起来就是《四书章句集注》，从此就有了四书的概念。

元代以后，用朱熹对四书的解释出题，用《四书章句集注》做标准的参考书。在儒家的经典学里面，四书就成了一个新的经学体系。它在科举和社会文化，包括在宋元明清儒学发展史上，其地位超过了五经。

唐代以前，大家对儒学经典主要关注的是五经。但是到了朱熹，他有一个观点，认为五经好比粗禾，四书好比熟饭，就是说，谷子带着壳，那是粗的，得把壳去掉，最后才有精米，再做熟了，才是熟饭。也就是说在五经的体系里面，有好多粗糙的壳、麸子，这些都不是精华，四书是精华。他认为四书乃"六经之阶梯"❶，人应该先学四书。从他的比喻可以看出来，学五经要费很大的劲，先把皮去掉，最后才得到一点精华，这个太费事了。从四书入手，直接可以学习到精华，就可以吃熟饭。所以到了元代以后，四书的地位，就超过了五经，这主要就是宋明理学的影响。而理学家，他们的思想讨论，他们的教育，跟学生的谈话，主要都是围绕四书、四书中的义理、概念、诠释来展开的。所以从南宋以后，其实北宋二程就开始，儒学的重点就已经到了四书。然后经过朱子，到元代，到明代，一直到清代，在这样一个长达八百年的历史里，《中庸》真正变成一个独立的经典，在儒学史、教育史、思想史上发挥了重要的作用。今天讲《中庸》的历史地位和影响，应该说，到了宋代，《中庸》终于达到了

---

❶ ［宋］黎靖德编、王星贤校点：《朱子语类》（七）卷一百五，中华书局 1986 年版，第 2629 页。

它在中国文化里面最高的地位和影响。到了朱子,《中庸》学又开了一个新的方向。前面我们讲在《易》之中道、《书》之执中、孔子论"中""过犹不及",这些包括郑玄"庸,用也",都讲了对《中庸》的一些理解、传承。那么朱子,他一生可以说是从《中庸》入手,从关于已发、未发、中和的讨论入手,到他晚年六十岁,写定《中庸章句》,他对《中庸》的理解,可以说为《中庸》学开了新的方向。这个新的方向是什么呢?我们从《尚书》《周易》讲起,重视执中的观念,就是"允执厥中"。这个"执中",代表了早期中国文明,发展政治、治国理政的一种文明。在北宋的时候,邢昺和真宗、仁宗一样,他们对《中庸》重视的焦点,还是在九经,在治国理政的这些根本大道理。但是以朱子为集大成和代表的道学家,就把它转向心性修养,这就是我们从李翱开始看到的,已经向性情说转变。明清的中庸学可以说是宋元的延长。

总结来说,在历史上人们对《中庸》的认识大致经历了以下四个阶段。第一个阶段,它是**德行论**,这是非常重要的。第二个,就是**为政论**,我们今天看《中庸》这部书,它前半部主要讲德行,早期关注它的德行论,包括一直到智圆,当然是有道理的。可是《中庸说》从二十章开始，大量讲了为政论，如邢昺注重对"天下国家九经"的阐发。梁武帝、宋仁宗，他们都是从这个地方来理解它。所以德行论和为政论，这是早期我们看《中庸》和《中庸》思想的两个重点。第三，唐宋以后，注重**性情工夫论**，就是从李翱开始，然后到宋代理学，最后讲到朱熹。这变成它新的路线和重点，"喜怒哀乐之未发""戒慎恐惧""慎独"这些话题变成了中心议题，相关的有"知行论""诚明论""学思笃行"论，等等，一定意义上说，这也是在回应佛教心性论的发展和挑战中展开的。

第四，就是**道统论**。朱熹在《中庸》序里面讲，"子思子忧道学之失传而作也"❶，因为子思有一种忧患，忧患什么呢？道学要中断失传了。然后他说"道统之传有自来矣"，这个道统本来有一个传承，传承到子思的时候就面临中断的危险，所以必须要写《中庸》这本书，让它能够传下去，不要失传。所以在这里面，朱熹就提出"道统之传"的概念，把《中庸》这本书的写作放在道统传承中予以解释肯定。那么这个道统之传是什么？他说尧之"允执厥中"，舜之"人心

---

❶ ［宋］朱熹《大学中庸章句》，中国社会科学出版社 2013 年版，第21 页。

惟危，道心惟微，惟精惟一，允执厥中"。《论语·尧曰》《尚书·尧典》那几篇里面都讲了这个，就是尧传给舜，舜传给禹，都讲这个"允执厥中"。所以照这个讲法，这个道统之传，本来是围绕"执中"概念来传。可是，按照朱熹理解，他认为光讲"允执厥中"是不够的，他认为道统之传，完整的道统之传是四句话。"允执厥中"是最后一句，前面还有三句，完整的表述就是《尚书·大禹谟》所说"人心惟危，道心惟微，惟精惟一，允执厥中"。因此，他写《中庸章句序》，大量的篇幅是论述道心和人心之辨。所以，以前讲《中庸》是以"允执厥中"为重点。可是到了朱熹，是以"道心惟微"为重点。而他所理解的《中庸》之传，是放在整体的道统观念里面来展开的。这个道统的核心，在他的讲法里面，最关键的不是"中"，而是"道心惟微"，这就转向心性哲学、心性修养的路子。这样一个转变，对元明清三代的影响都是非常之大的。直到近代西方思想传进来以后，才有改变，这就是晚清的最后一位注解《中庸》的大家康有为，他的《中庸解》已经结合了新的西方思想加以阐述了。

《礼记》儒行篇的意义

一、《礼记》与先秦儒学

　　《儒行》篇有两个出处，一是在《孔子家语》第五篇，另外见于《礼记》第四十一篇，两个文本主体内容差别不大。《孔子家语》的文本前面多了一段话，有些背景性的交代；最后一段话，稍稍多一两个字。总体来讲，主题思想内容是一样的。近代以来碰到的关于《儒行》的问题主要是文本的年代判定，因为《孔子家语》很长时间被认为是伪书，所以近代以来很多学者对此也不太重视。很多学者在理论上都认为《礼记》应该是战国时代儒者的一些记闻，是跟礼相关的一些记闻汇集，但实际上在运用的时候，都把它放在秦汉以后，甚至把整个《礼记》的思想放在汉代，作为汉代前期儒学的著作。这样一来，对《礼记》所包含的思想内容，在思想史上的地位，从今天来看，就大大推后了。

改革开放以来，最近四十年考古学、文献学、古文字学的研究，结合出土文献，对古代典籍的认识跟"五四"时代已经发生了相当大的变化。这个变化用李学勤先生的一个讲法，就是在"走出疑古时代"，走出单纯的、"五四"时代比较流行的疑古。因为考古学，特别是1949年以后，我们的考古事业的发展，出土的各种器物文献，都指向了另一个方向，即不是指向一个继续疑古的方向，而是发现我们对这些墓葬和出土物品的认识、了解，不能脱离传世的这些古书；甚至可以说很多西周以来的墓葬，包括春秋战国时代，在一些方面反而佐证了传世文献不是没有根据的。这是一个很重要的变化。具体到《礼记》来说，最大的收获还是1998年正式出版的《郭店楚墓竹简》。这个墓其实1993年就发掘了，里面的竹简经过国家一流的文字学家几年的研究（以北大中文系的文字学家为主），释读了这批竹简。我觉得其最大的意义，是对《礼记》文献的时代的确定。它的每一篇，比如出土《老子》，对研究《老子》的人来说也是惊喜。以前包括钱穆先生及很多日本学者都认为《老子》事实上是战国晚期的，甚至更后，在《庄子》之后，是汉初才有的文本。郭店楚墓，据考古学专家确定，它应该是在公元前三百年下葬的，正负误差一二十年。公元前三百年是什么年呢？大体上就是孟子的卒年。在这个墓里面除了有一些道家文献以外，更大量的是一批儒书或者儒简。其中，最令我们注意的就是《礼记·缁衣篇》在这个墓葬里面完整出现，仅个别字与传世本有所不同。

与郭店楚墓出土差不多的时间，荆门地区也有个墓葬出土了一批竹简。可惜我们不知道这个墓葬出土的具体地点，不像郭店竹简是靠考古队发掘的。荆门这批出土的竹简，通过走私的形式流到香港，由上海博物馆把它们买回来，这就是上博竹简，里面也有《缁衣》。这些都说明《礼记》这本书有些篇章在孟子的时代就已经流传了。下到墓葬，表明它已经流传了一段时间，而且是带有一定的权威性，是大家都在学习的文本文献。这样的话，很可能《缁衣》的成书就要再往上提一百年，也就是公元前四百年了。这个时代就是早期儒家活跃的时代，即七十子及其后学的时代。孔子去世是公元前479年，之后，儒家继续传承，也不断地分化，其中也出现了很多重要的文献。这样一来，《礼记》就不能再看成是战国后期以后，甚至到汉初、汉代中期的著作。

郭店楚墓出土的时候，是以北大中文系的老先生为主整理的，李学勤先生也有参与。李学勤认为，除了《老子》以外，那一批儒书是《子思子》，是孔子的孙子子思的书❶（宋代已经看不到真正的《子思子》了）。汉代学者认为子思就是《缁衣》的作者，有"子思作《中庸》"的说法❷。在早期儒家里边，子思的地位很重要，而且时代非常早。这就给大家一个启发，《礼记》这部书其实不是晚出，后面传承的过程中可能有些更改增减，但就主体来说，它应该是战国时代形成的。对于研究先秦儒学的人，尤其是特别注重《礼记》的人来说，这是一个好消息。据《史记》《汉书·艺文志》的相关记载，我们可以看到，先秦孔门的传承有很多人，这些人的著作在汉代的时候，相当一部分还能看到，基本上是孔门七十子，也有七十子的学生。但是今天，我们对先秦儒学只知道孔子、孟子、荀子。汉人记载的先秦儒学思想文献是很丰富的，但是很多人的书没传下来，而《礼记》里面有很多东西大家也不敢用。

---

❶ 参见李学勤：《先秦儒家著作的重大发现》《荆门郭店楚简中的〈子思子〉》，均见《中国哲学》第二十辑《郭店楚简研究》，辽宁教育出版社 1999 年。

❷ 司马迁《史记·孔子世家》言："子思尝困于宋，作《中庸》"，郑玄《礼记目录》言："《中庸》者……孔子之孙子思作之。"参见《史记》，线装书局 2006 年，第 237 页；《礼记正义》，山东画报出版社 2004 年，第 1550 页。

二、《儒行》与孔子

《儒行》篇以前大家不太重视，只是作为《礼记》的一篇，它的年代也不确定。经过这些年的研究，大家认为《礼记》成书是在战国时代，其中相当一部分还是战国前期。如《缁衣》就是战国前期，而且《缁衣》在战国中期以后还经常被引用。这样来看《儒行》篇，把它作为早期儒家思想的一个重要材料，就争议不大。特别是孔子跟哀公的对话，在早期儒家里面还是常见的。《儒行》在《礼记》是第四十一篇，接下来第四十二篇就是《大学》。朱子认为《大学》是曾子和他的门人所著，是早期儒家的作品。综合这些来看，今天我们把《儒行》的年代放到早期儒家，这应该是比较自然的。从先秦儒家思想传承的脉络来看，《儒行》应该是七十子及其后学的重要作品。

北宋中期进士及第，皇帝要赐《儒行》。可见，在当时的政治文化、思想文化里，《儒行》已经有其特殊的地位。《礼记》这么多篇，皇帝为什么不赐别的？当然后来也赐《大学》《中庸》。这个时期的理学家，对赐《儒行》不太以为然；如果赐《大学》《中庸》，理学家们很高兴，道学重视《大学》《中庸》是跟道学之所以为道学的理念一致的，它不是从现实政治出发，而是要传承已经中断了一千四百年的道统，要接续传承，重建道统，道学就是传承道统之学。程颐说《儒行》里面很多都是"夸大之说"❶，讲得不平实。估计受他影响，北宋吕大临也持同样的论调，认为《儒行》里面讲的是"夸大胜人之气"❷。这种观点还是比较有影响的，一直到元代的儒学家，也还是这样讲，说它是"尚气好胜之言"❸。这是宋明理学当时对《儒行》的认识，应该说，这个认识是有偏差的。在今天传承道统的时代，不仅仅要传承十六字心传，对儒家的德行传统也应该予以有力的传承。宋代的儒学是在五代之末和宋初社会道德败坏背景下的一次重建，在重建中，《儒行》作为儒家德行论一个比较集中体现的文本应该受到重视。从这个角度来讲，仁宗赐《儒行》给新科进士，我觉得他当时的认识还是不错的。理学家可能当时更注重的是回应佛老在形上学、宇宙论、哲学方面的挑战，他们觉得《儒行》讲得太普通了，所以不太重视。他们更重视《中庸》，重视"天命之谓性"，境界要很高。所以理学家的认识局限，在于当时的时

---

❶ 《二程遗书》卷十五，上海古籍出版社 2000 年，第 226 页。

❷ 孙希旦：《礼记集解》卷五十七《儒行》篇引吕大临语，中华书局 1989 年，第 1398 页。

❸ 陈澔：《礼记集说》卷十，中国书店 1994 年，第 493 页。

代，时代的文化挑战引导了其发展的方向更关注心性论。

清朝人就比较朴实，孙希旦的《礼记集解》就不像宋儒那样讲了，他说《儒行》的言辞虽然可能不那么纯粹，像宋儒说的"夸大其词""好胜之气"，但是孙希旦认为这里面包含着"正大刚毅"的精神❶，认为这是荀子以后的儒者说不出来的。这个看法是对的。为什么程颐、吕大临、陈澔这些宋元时代的儒者，用"夸大其词""好胜之气"来论《儒行》？我觉得他是从一个特定的角度，主要其实不单单是为了贬低这个文献的内容，他主要想说明这些文献虽然是用"孔子曰"引导的，但这应该并不真是孔子说的，我觉得他们辨别的重点在这里。说"夸大"也好，有"好胜之气"也好，要说的是这个言辞不像我们在《论语》里面看到的作为一个温良老者的孔子形象。《儒行》记载了鲁哀公与孔子的对话，可是与《论语》里面讲的不像，这是宋儒主要的一个观点，并不是要贬低其内容。

我也认为《儒行》不一定是对孔子和哀公原始对话的真实记述。但是很明显，这是早期儒家的代表作，它虽然不姓孔，可是它姓儒。所以宋儒虽然指出它不

---

❶　孙希旦：《礼记集解》卷五十七，第 1410 页。

是孔子原话，但是它应该确实代表了那个时代儒学的自我认识。文献中的言辞可能不都是孔子当时讲的，但是它代表了孔子去世后这一代儒者在战国前期的自我认识，这很重要。因此，《儒行》应该是继承了孔子创立的儒家学派的基本精神。儒者或儒家学派在战国时代，其精神性格已经形成了确定的自觉。《论语》里面没有对儒的正面刻画，只讲了君子儒与小人儒，也不知道什么是儒。《儒行》就告诉我们什么是儒，什么是儒行，就很清楚。所以一定要与孔子联系起来，这样它跟孔子之间就是一个传承的关系。对儒与儒家的理解，我们不能完全限于孔子、孔子的描述或者孔子自己人格的体现。儒有其主导的精神，但是有多样的性格，用不太恰当的讲法，就是"理一分殊"。孔子去世后经过几代，"儒分为八"（《韩非子·显学篇》），不仅他们各自强调的一些基本思想的重点不同，包括他们体现的人格、性格形态，我相信也不完全一样。因为孔子的学生性格就是不同的，他的徒子徒孙的传承也应是这样。所以儒、儒者，不是一个单一的刻画，他应该是多样的，在一个主导的精神下，它也体现多样的性格。《儒行》刻画的儒行气质操守有十七种之多，它也不都是一种，也是多样。《儒行》讲儒者的行为气质操守一般用"儒有"二字来开头，儒者有这样的，也有那样的，这个"有"字本身是以一个多样性为前提，所以它是举例，有这样的，有那样的。所以我觉得应该从这个角度来理解儒者的性格、儒者的精神面貌。这可能会包容性更强，如果单一地以孔子的面貌性格为准，认为只有这样是儒，那样不是儒，这肯定是不行的，我们的儒学观一定应该是一个有最大包容性的儒学观。

三、《儒行》与儒学

相比起中古或者近古来讲，近代是一个出离传统，甚至反叛传统、拥抱革命的时代。关于《儒行篇》的讨论，在近代的代表是章太炎。章太炎是革命党人，他在学问上已经离开了原来经学"重经轻子"的倾向，特别强调对子学的研究。这个观念应该说属于出离传统的方向，对比起原有的传统来讲，形成一种反叛。当然，他在方法上很多地方也继承了清代的方法。章太炎对《儒行》的认识开了新的生面，他重新认识了《儒行》篇。因为他是革命党，所以他对《儒行》篇所刻画的儒者德行的看法，就接近于革命党。他说《儒行》之"行"有"艰苦卓绝、奋厉慷慨"❶的气息,"艰苦卓绝"就是革命性,是从事革命活动所应有的品质,"慷慨"就是不怕死。所以很明显它是带有这个时代的特点, 是从革命党学者的角度对《儒行》的一个正面的肯定。当然, 我们也不能说这个影响有多大, 但确实别开生面。而且他也正面回应了宋元时代儒者的一些疑问, 即认为这些话不像孔子的语气;章太炎撇开这些外在形式, 认为就内容来讲,《论语》《儒行》相符合, 是一致的。另外一个革命学者就是熊十力, 他参加过辛亥革命, 绑过腿、扛过枪, 当过革命党人。熊十力也表彰《儒行》, 他认为《大学》《儒行》两篇贯穿群经❷,对《儒行》给予了比较高的肯定。应该说自章太炎、熊十力肯定《儒行》之后, 像中古、近古那种对《儒行》的怀疑就烟消云散了。从那以后, 大家一般来讲都肯定《儒行》的思想跟孔子是一脉相承的。近代以来, 总体上来说, 存在着对《儒行》这篇文献越来越肯定、越来越自信的一个历史线索。

在二十世纪三十年代到四十年代, 学术界也有一些新的说法, 认为《儒行》是儒门各派之中的一派,

---

❶ 章念驰编:《章太炎演讲集》,上海人民出版社 2011 年, 第 339 页。
❷ 熊十力:《读经示要》,上海书店出版社 2009 年, 第 102 页。

特别指漆雕子一派。最早这么说的，就是蒙文通先生，他认为《儒行》篇的作者可能就是漆雕氏之儒❶。后来在二十世纪四十年代，郭沫若也认为应该是跟漆雕氏有关❷。我认为，今天也不必一定要把它归在某一个特殊流派里面，但可以确定的是，它与孔子的思想是相通的，是传承的。

章太炎认为《儒行》所说的十五条大体是艰苦卓绝、奋力慷慨。一般来说，《儒行》篇给我们的主要印象也是强调刚毅有为。如果从智仁勇三达德的角度来讲，刚毅可能比较属于勇德。孔子很重视勇德，如"志士仁人，无求生以害仁，有杀身以成仁"（《论语·卫灵公篇》），这个气概就是慷慨的气概，是刚毅的一种表现。孔子自己也讲"刚毅木讷近仁"（《论语·子路篇》），《中庸》也讲"发强刚毅"，所以《儒行》里讲"刚毅有如此者"的，应该说还是传承了孔子的这种精神。孔子讲"见义不为，无勇也"（《论语·为政篇》），勇德总是跟义联系在一起。章太炎认为"士不可以不

---

❶ 蒙文通：《漆雕之儒考》，见《蒙文通文集》第一卷《古学甄微》，巴蜀书社 1987 年，第 204 页。
❷ 郭沫若：《十批判书》，东方出版社 1996 年，第 150 页。

弘毅"❶，这一句话就概括了《儒行》十五条❷。所以，我认为不一定要把它局限在某一派，《儒行》容纳了多种多样的儒者的德行，综合性很强。

四、儒服与儒行

《儒行篇》以"哀公问于孔子"的形式开篇，其问题意识的形成和体现，是从"儒服"开始的。哀公问孔子说"夫子之服，其儒服欤"，孔子说"丘不知儒服"。实际上，儒服和儒行的辩论，是孔子去世后早期儒家思想讨论的一个重要话题。

春秋后期，礼崩乐坏，面对这种情境，儒家从一开始，如孔子，就是把继承和恢复周礼作为他的理想。周礼的理想，包括它的礼乐制度和文化秩序，包含的内容还是比较广的，其中有一条就是儒家在传承西周以来的礼制文化中涉及的冠服问题，特别是上古的冠服问题，这是儒家比较关注的。孔子也从其他方面，包括治国理政、以礼治国的角度，讲到过恢复古礼冠

---

❶ 《论语·泰伯》："曾子曰：'士不可以不弘毅，任重而道远。仁以为己任，不亦重乎？死而后已，不亦远乎？'"。
❷ 章念驰编：《章太炎演讲集》，第339页。

制的问题。如《论语》中"颜渊问为邦。子曰：'行夏之时，乘殷之辂，服周之冕，乐则韶、舞。放郑声，远佞人。郑声淫，佞人殆'"（《论语·泰伯篇》）。为邦涉及治国的问题，要以礼治国，其中乘殷之辂、服周之冕，这就涉及冠制。所以不是说孔子思想里面，完全没有关注过这些。但是很明显的是，这里孔子讲服制，不是作为儒服，而是作为古礼；不是作为儒之所以为儒一定要穿的特定服装，而是因为它是古服、古礼。所以说，作为儒家的创始人，孔子的出发点应该是要恢复三代文明的礼治，因此，后来很多儒者都提到冠制问题。但一般来讲，从《论语》来看，相关资料并不多，没有看到孔子的弟子在这里特别提出儒服儒冠、儒带儒鞋，没有这些问题。可是在墨子时代，差不多是孔子后学七十子时代，就已经明确有儒服问题的出现。儒服就是儒者专门穿着的衣服冠带，《论语》里面还没有什么儒服问题，可是在《儒行》篇里面就出现了。当然，《儒行》篇不一定是孔子与哀公的真实对话，但应该是反映了那个时代孔子跟他的第一代弟子对相关问题的一种认识。这段话即使不是孔子本人说的，也是符合孔子思想的。哀公说老先生你穿的这是儒服吗？说明写下这段故事的人，他处的时代环境已经有儒服这个概念了，所以连鲁哀公都知道，他见到孔子就问你穿的是不是儒服。孔子说"丘少居鲁，衣逢掖之衣。长居宋，冠章甫之冠。丘闻之也：君子之学也博，其服也乡。丘不知儒服"。就是说君子主要是要博学，衣服只要入乡随俗。还说自己年少的时候，住在鲁国就穿鲁国的衣服，年长以后住在宋国就戴宋国的章甫之冠。"乡"就是入乡随俗，这个思想应该符合我们在《论语》所看到的孔子的形象，重在学，而不是重在服。重学不重服，这符合孔子的思想。

除了孔子说"其服也乡"，孔子从鲁国到宋国形成了他自己的一套穿戴，从根源上来讲，是有一部分来源于鲁国，有一部分来源于宋国，这成为他的一种穿着的习惯。这个习惯我们也可以认为是孔子所认同的一种士的服装，因为孔子那个时候，恐怕也还没有儒门的概念，也就不会有儒门的人要穿什么服装的问题。孔子的冠服只表示他自己的认同，即作为一个士，应该穿这样的服装，这个冠服是表示士人与俗人的一种区别。孔子去世后，开始有儒服问题的出现，特别是到墨子这个时代，有一些儒者就很重视服装的问题，其中比较有名的就是公孟子。在《墨子》中特别提到"公孟子戴章甫，搢忽，儒服"（《公孟篇》），见到墨子之后就问："君子服然后行乎？其行然后服乎？"把重视德行放在前，还是把重视服装放在前？墨子的回答很干脆："行不在服"。最重要的优先性是你的德行，不是你的服装。那么，公孟子这派儒者很明显，就是非常注重儒服。但实际上，孔子和墨子的思想是一致的，认为儒者真正的特性不是在服装，不是冠服，而是德行。所以"行不在服"，这里墨子和孔子的主张是一致的。

关于这个问题，在《荀子》里面，也有哀公问于孔子的类似的论述。跟《儒行》篇的问答不太一样，《荀子》中鲁哀公问孔子如何治国，治国之士如何选择。孔子当时回答说要选用这样的人："生今之世，志古之道；居今之俗，服古之服。"（《荀子·哀公篇》）但是《荀子》这段是不是哀公和孔子真正的答问？也不一定。"居今之俗，服古之服"，就是说生活在现在一个生活的风俗里面，但是我好穿古代的服装。那么，哀公就说："章甫绚屦，绅带而搢笏者，此贤乎？"章甫就是冠，绚屦就是鞋，绅是发带，笏是笏板，哀公讲的就是当时儒服的特色。是不是穿着这种儒服的人，就是贤者？孔子对曰："不必然。"这个问题本来是讨论怎么取士，孔子给哀公的建议，是要内外兼顾，看一个人，要内观其志，外观其服。当哀公问他章甫、绚屦这种儒服问题的时候，说穿儒服的人必是贤者，孔子对此断然否定。应该说，这个思想跟《儒行》里哀公和孔子对话，其精神是一致的。

从这里我们看出来，如果从这个问题的来源讲，孔子虽然没有提出儒服，可是孔子还是赞成服古之服的，对服装还是有一定的关注，把它作为古礼、守古礼的一部分。这是后来战国的儒者重视服装的一个来源，就是说孔子是重视古服的。但是孔子并没有制定一种儒服，只是孔子去世后，孔子的弟子要继承孔子的事业，要学习效法孔子的人格，同时也就把孔子的服装，把它符号化为儒者的服装："衣缝掖之衣""冠章甫之冠""绚屦，绅带而搢笏"。但是我们看到所有的记述，孔子跟哀公和其他人的记述，始终强调儒服不是优先性的，而是主张德行优先。这点很明确。当然孔子死后，门人的这种心情也是可以理解的，就是大宗师去世以后，学派在凝聚传承过程中，它有一些外在形式的考虑。于是，有些弟子把孔子的冠服作为圣人之服，要法圣人之服，就出现了这样的思考，这就是在《儒行》篇开始一段里面看到的这个问题，孔子的回答则非常干脆，"丘不知儒服"。

五、《儒行》篇的德行论

如果以《论语》作为参照对象的话，我们发现，《儒行》有两部分，其中有一部分是跟《论语》里面相同或者接近的。如《儒行》讲仁之八德，"温良者，仁之本也；敬慎者，仁之地也……"八句话，里面就讲温良、敬慎、宽裕、逊接、礼节、言谈、歌乐、分散。当然，礼节、言谈、歌乐、分散，更多的是属于行为的方面；温良、敬慎、宽裕、逊接，更多体现品格的方面。这八德跟孔子的一些说法就比较接近。温良，孔子讲"温良恭俭让"。敬慎、宽裕、孙接，在《论语》里面都有这类似的说法。所以如果像章太炎那么讲，完全是讲艰苦卓绝，也不全面，《儒行》也讲温良宽裕。我们看十六条德行里边，讲"动作慎"，容止敬与《论语》是一致的；讲强学、力行，这跟孔子及《中庸》的一些讲法也是一致的。所以不能说《儒行》这些德行整个都仅仅归到艰苦卓绝，都是一种革命精神，这是革命家的解释，不全面。《儒行》的德行体系有相当一大部分还是直接继承了孔子，这个八德基本属于礼乐文化的德行体系。西周以来到春秋的德行体系属于礼乐文化，仁还是个别德性，不是总的德性。温良、敬慎、宽裕、逊接，其实都是属于礼，体现了礼的要义。这个八德的体系，属于孔子那个时代所继承的春秋以来的礼乐文化的德行体系，是礼乐文化的君子德行。

《儒行》篇在后代文化中影响最大的，就是儒士"可杀而不可辱"，这句话流传得特别广。但是我们看这样的精神，在孔子、包括《中庸》里面其实也有类似的表达，如孔子说"杀身成仁"，《中庸》也讲"发强刚毅"。这一部分不属于礼乐文化的德行体系，它已经是在礼乐文化解体之后，一套新的士君子的德行体系。不是礼乐文化里面那个君子，而是在一个新的时代条件下的士君子。《论语》里"三军可夺帅也，匹夫不可夺志也"（《论语·子罕篇》），《儒行》也说"身可危也，志不可夺"，这样的德行和志节是任何时代都需要的。所以《儒行》篇的德行体系，有一部分跟孔子是一样，来源于礼乐文化的这些基本问题；也有一部分在孔子里面有所呈现，但主要是新的后礼乐时代发展出的一些新的德行。

士本来是最低一级的贵族，贵族当然还有他的特权、地位，有其待遇。可是礼崩乐坏的结果，进入战国以后，这个时代士已经失去了其待遇，失去了贵族的地位，完全进入了一个新的生存状态。有人教书去了，有人不教书，用夸大其词来获取国君的青睐。士人在新的生存状态下要做出个人选择，这就出现了新的德行要求，这就是后人有所议论的所谓"夸大""胜人"之气。新的社会环境的出现，促使士人对自己反思：在这个时代怎么办？是要坚守原来的价值理想，还是要随波逐流？到底一个人怎么面对富贵，怎么面对权势？在一个宗法体系里，本来这是确定的，该继承的就得继承，不属于自己的就不用想。但是在这个时代里面，面对财富，面对权势，甚至面对暴政，能不能坚守自己的价值理念？这就出现了《儒行》所提出的这些德行操守要求，它讲了好多"儒有"，可是每一个"儒有"其实不是一个含义，它是复合的，几种放在一块。每一条目最后讲"××有如此者"，也不是概括为一种德行，往往是概括一个范围，这个德行所应用的范围。但是不管怎么说，这些德行最重要的还是从第四条到第十条，而不是第十一条到第十六条。特别是从第四条开始，"儒有不宝金玉，而忠信以为宝"，宝、贵是突出这个价值。第五条是讲见利守义、见死守节；第六条讲刚毅，不可辱；第七条讲守节自立；第九条讲"身可危，志不可夺"。这一组就反映战国时代儒者碰到的新的社会条件，这些在《论语》里面也有，但不是最主要的。在新的时代，这些德目变成比较突出的部分。这一部分主要是通过两个概念来表达：一个就是自立、特立，讲立其操守而不变；另外一个就是注重用"不更其守""不更其所"来表达它对价值的持守。时代变化了，各种环境变了，财富的利诱、做官的利诱、暴政的胁迫都出现了，所以才强调"虽有暴政，不更其所""见死，不更其守"。这在孔子时代还是不突出的，但在这个时代，"国无道，至死不变"出现了，这也是《中庸》讲的"强"。这一类情况，孔子、《中庸》的时候都开始碰到了一些，但是还没有那么突出；但在这个时代就非常突出。《儒行》最后一节也讲类似"贫贱不失其志，富贵不失其节"的问题。总体来看，志、节的自立，是这个时代士君子的自我期待、自我向往、自我约束。这些德操不是一些外在的行为规定，而是特别强调志节的坚守，很多是内在的精神。我们今天看这篇文献，要结合古人对这个问题的看法，应该把它放在战国士人新的生存状态下，来了解孔门七十子及其后学对德行和德行体系的理解。所以它既有传承孔子、传承礼乐文化的一面，又有适合这个时代的一面。应该说，这个时代对士的自觉要求更高了❶。

---

❶ "士的自觉"四个字是杜维明先生喜欢讲的，也是他最早提出来。参考杜维明：《孟子——士的自觉》，载《国际儒学研究》第 1 辑，人民出版社 1995 年。

从《儒行》篇我们能明显看到孙希旦所讲的"正大刚毅之气",当然,其中也有一些讲"柔"的,但是确实,其中更突出的是宋元理学家有所不满的"正大刚毅之气"。正大刚毅之气,是我们今天有志于做一个儒者的人生目标。同时,对"儒有"的解释,不要给人一种印象,就是十七条都做了才是个儒者,不是的,能做到其中一条"儒有"就是儒者了。有很多人老说,儒家讲的道德要求太高,结果人都做不到。其实,这十七条,做到其中一条两条不算难,关键在于是否"弘毅"。"士不可以不弘毅",有弘毅气象就能做到。

六、儒家德行伦理的特点

最后,我们从伦理学的角度讨论一下《儒行》的相关问题。从 1958 年开始,到二十世纪七十年代,西方哲学里面已经有对德性问题的重新关切,以至于被认为在义务论和功利论以外,有一个德性伦理的运动。应该说,这场运动从欧洲到北美已经断断续续地发展了二十多年,但是真正被大量关注,还是麦金泰尔的

《After Virtue》❶出版之后。这本书被纳入对《正义论》的批判范围里，所以它受到学界关注不是仅仅因为这本书讨论的伦理问题。除了这种思想上的对罗尔斯的回应以外，德性伦理也成为学术上大家面对的一个重要课题。对此，我很早也有关注，在 2010 年、2011 年与海外学者共同讨论过这个问题。我认为中国的德性伦理，跟西方还是有所不同的，不同在什么地方？Virtue 这个词翻译成德性（品质品格），但是中国古代不是直接这么讲，它是从两个方面讲的，一个概念是德行，另一个是德性，德性就是 virtue 的翻译。德性是人的内在状态，是品质、品格；可是德行是行为，广义地来讲可以叫道德行为。所以在中国来讲，在早期，孟子以前主要流行的是德行的观念，《儒行》篇也主要是落实德行，不是德性。到孟子，才把仁义礼智规定为德性。当然，孟子还有心性论的框架。东汉郑玄说"在心为德，施之为行"❷，"行"一定是施之的，就是做出来的；如果只是在心里头，就只是德性。用今天的话来说，这就是德性和德行的分别。如果对照

---

❶ 麦金泰尔（Alasdair MacIntyre）著、龚群译：《德性之后》，中国社会科学出版社 1995 年。原著 1981 年出版。

❷ 参见郑玄注，孔颖达疏：《周礼注疏·地官·师氏》，上海古籍出版社 1990 年，第 209 页。

西方的德性伦理，我们会发现中国的德性伦理实际上包含着德性和德行两个方面。比如，孟子讲仁义礼智，这是人的本性，这是德性；尤其到宋明儒学，越来越强调这些。但是在早期——当然不仅仅是在早期出现，它对整个中国的伦理学也有长久的影响——它从来不是孤立地讲德性，毋宁说它更多地关注德行。这个特点在伦理学上需要加以研究。

春秋时流行一句话叫"德行可象"（《左传·襄公三十一年》），这个概念值得体会。如果我们仅仅讲德性伦理，它在西方碰到一个重要的批评，就是德性品质无法指导行为。这个问题在中国应该说就不成问题：儒家不是孤立地提出这些德性的范畴，而是一定要把它具象化为德行的体系。《儒行》篇在相当程度上应该说更加具体地显现了德行行为的样态，使这个样态可以模仿、可以学习。在一定意义上，我们可称此为"示范伦理学"，德行与德性在中国是统一的。"德行可象"表明，德行论的积极意义就是它能够更具体地显现出那种可学习的行为典范。同时，德性也有它的意义，就是德性作为内心的品质，它更能在本质上来说明德行的持久的内在依据和可能性。所以，这两方面在中国来讲是密切结合在一起的。从西周到西汉，非常重视德行，应该说它有个预设，德行的不断的实践、操作、投入其中，也可以内化为德性。当然，宋代以后，因为跟佛教争论，更加注重内在的德性。总体来讲，中国的美德伦理是这两者紧密结合的，既是内在的，又是可象的；既是不变的，又是具体的。所以这个体系除了我们在儒学史上肯定它的这些意义以外，在伦理学的研究方面，它也是一个代表。因此，《儒行》篇在伦理学研究上也有其重要意义。

孟子论性善与性命

众所周知，孟子"道性善"，性善论是孟子人性论的主要特征。但是，如何将性善论落实为一种人生修养与规范，这无疑是一个新的课题。解决这一问题，我们首先需要明晰：理解孟子的人性论不能只有一个视角，即不能仅从性善论的角度审视孟子的人性论。孟子的人性论具有二重视角。这种二重视角简而言之，一重是本体的，一重是工夫的；或者说一重是存在的，一重是实践的。这两个视角加起来，才是孟子对待人性完整的看法与态度。

一、以性善论人性

孟子人性论的第一重视角是以性善论来看人性。性善论既是孟子思想体系的重要组成部分，同时又具有重要功能，即为仁政论提供基础。这种基础是一种人性的基础，也是一种心性论的基础。孟子讲有不忍人之心，因而有不忍人之政，不忍人之政才是仁政（3·6）❶。孟子仁政与不忍人之政的基础与根源就是不忍人之心。所以从这方面看，性善论在孟子思想中，除了独立的理论探讨以外，其主要功能是作为孟子政治论与仁政论的基础。

孟子认为，人能为善（为善就是行善），一定有为善的内在根源。孟子说："可以为善矣，乃所谓善也。若夫为不善，非才之罪也。"（11·6）可以为善，即为善有一个内在根源，使为善成为可能，而内在根源就是他所了解的性善。性善也可以表达为孟子所讲的"四心"。孟子讲："恻隐之心，人皆有之；羞恶之心，人皆有之；恭敬之心，人皆有之；是非之心，人皆有之。"（11·6）人能为善，是因为有四心作为内在根源，行善的根本在于有"恻隐之心"等四心。用哲学语言来讲，恻隐之心是仁之端绪，羞恶之心是义之端绪。所以恻隐之心、羞恶之心，首先是"仁"与"义"的表达。孟子又说："恭敬之心，礼也；是非之心，智

---

❶ 本文序号注释，以杨伯峻《孟子译注》（中华书局 2008 年）为据，个别文字略有校改。

也。"（11·6）仁、义、礼、智四心由此被相继提出。"恻隐、羞恶、恭敬、是非"四心是在心的层面，但是"仁、义、礼、智"四德是人性的层面。孟子讲四德是"非由外铄我也，我固有之也"（11·6），它们并不是在后天生活中习得的，而是先天本有的。本有的也可称为本体，是本体的有。这个本体的有在先秦叫作人性，到了宋明儒学被称为本体。在孟子那里，人所固有的"四德"和"四心"就是人能为善的根源，这种内在的根源也就是人性善的正源。所以孟子认为人能行善、为善，本身就是人性善的一种证据。

关于四心，有时孟子将其简化为"仁义之心"。仁义之心是人天生就有的，所以孟子有时将其称为良心、本心。良心指具有先验性，不是从经验得来的；本心就是人的本体，是固有的。所以如果从人有良心、本心的方面看，人和禽兽具有根本不同。人的良心、本心就是人与禽兽的根本差别。这种根本性的差异，孟子将其称为"天爵"。孟子认为"仁义忠信，乐善不倦，此天爵也"（11·16），就是说仁义的本性是上天所赋予人的一种尊贵和荣耀。此处的"爵"不是指真的官爵，而是说"天爵"是上天给予我们的尊贵与荣耀。所以，孟子非常重视并且要求我们真正认识到：我们的良心、本心都应该被理解为上天给予的尊贵与荣耀，是我们最宝贵的内在财富。孟子也说"人人有贵于己者"（11·17），我们内在的真正的尊严、尊贵与荣耀都是上天所赋予我们的，是我们固有的东西，而不是别人给予我们的，这才是"人皆可以为尧舜"（12·2）的根源与依据。

另外，性善说不仅把人的道德本性视为一种尊贵的价值，而且也包含了人性平等的思想。孟子认为"人人有贵于己者"，就是说每个人都有自己尊贵的东西，人性是平等的。人能根据自己天赋的本性而成为圣人，所以"人皆可以为尧舜"。孟子高度弘扬了人的道德本性，也可以说孟子在最高的理论层次上，表达了重视人、尊重人及信任人发展的可能性。孟子相信人能通过教育全面发展并实现他的本性，或者说孟子对人性的潜能与实践给予了高度信任。换言之，孟子对人性的光辉做了最高的肯定和赞扬。

孟子人性论中"工夫论"的含义是什么？这一人性论能直接导出什么样的工夫实践？如前文所述，孟子人性善理论的主要功能是支持仁政说，性善说能直接导致什么样的工夫，这一问题孟子并没有明确表达。《孟子》中有很多有关工夫的概念，但是这些概念怎么从人性善直接推扩出来，孟子本人并没有明确说明。笔者认为，如果性善论在工夫论上有一个直接的结论，应该就是保有发扬我们天生就有的四心，即恻隐之心、羞恶之心、恭敬之心（或者说辞让之心）和是非之心。既然这个四心就是我们人性善的直接表达，所以从工夫论来讲，我们要保有、保存、发扬它，这也就是孟子后来讲的"存心"。"存心"所存的心就是这四种心，而这四种心就是性善论的直接表达。

关于"存心"的观念，孟子在不同情况下都有过表述。例如在"人禽之别"的问题上，孟子也具有二重视角。从本体来看，孟子认为人性与禽兽性具有根本区别；但在实践层面，孟子认为人和禽兽其实就相差一点点，即"几希"。"人之所以异于禽于兽者几希，庶民去之，君子存之"（8·19），这个"几希"就是人的良心、本心，所以君子要"存心"。从这个角度讲，存心是孟子性善论的基本条件。孟子认为，君子之所以为君子，就是能够存此良心与本心，而不是将其摒弃与放除。

人与禽兽的差别是本体上的差别，即人有四心。但同样是人，由于实践的不同，会区分出君子与小人，君子与小人的区别在于君子能够存心。孟子讲"君子所以异于人者，以其存心也"（8·28），就是意在说明这一点。孟子所讲的"存心"就是存其四心。孟子讲"君子以仁存心，以礼存心"（8·28），笔者认为不仅有仁、礼，还有义、智。有时孟子用"仁义"，有时用"仁礼"，都是一种简称。所以存四心，或以仁存心、以礼存心，或存其良心、存其本心等表述，都是孟子存心的基本内容。如果我们从"几希"的角度讲，"存心"应当也包括存其"道心"。"道心"不是孟子发明的观念，而是来自于《尚书》。《尚书·大禹谟》有"道心惟微"的表述，"微"有"微妙"之意，这个"微"与"几希"的含义比较接近。人和动物的重要区别在于人有道心，即有道德意识。这也就是荀子所讲的人不仅有气有生，还有"义"，这种义就是道心。因此道心就是孟子讲的本心、良心、四心。孟子所讲的"庶民去之，君子存之"（8·19），要存的就是这些心。

二、以性命论人性

孟子人性论的第二个视角，简而言之是生命欲望的人性。孟子看待人性的这一视角，在他与告子的辩论中也有所表达。在与告子的辩论中，孟子主要意在建立一个对性善的论证，但需要注意的是，孟子不只讲了性善思想。告子人性论至少包含四种含义，其中一种就是"食色，性也"（11·4）。在孟子的回答中，他并没有对"食色，性也"给予否定，而是没有予以正面回应。"食色，性也"这个表达孟子是可以承认的。"食色，性也"就是把人感官的欲望和本能，看作是人性的一部分。对告子而言，"食色，性也"不是作为人性的一部分，而是人性的全部。将"食色，性也"作为人性的全部，孟子当然根本不能赞成。但是作为人性的一部分内容，可不可以成立？孟子没有明确回应。

孟子也认为"形色，天性也"（13·38），此处表达了他对属于人形体身体及感官欲望的部分作为人性来理解的肯定。人感官欲望的追求如果作为本性来讲，会受到很大制约，这种制约孟子往往用"命"这一概念来表达。这就涉及孟子思想中所讲的"性命之理"，即只讲性本善还是不够的，要讲性的实践，还要把性命之理包括进来，性命之理就是性与命的关系。"命"是人类认识自己、把握自身生命过程中所需要的一个概念。问题在于，在孟子那里人性问题如何与命的问题联系起来？一般而言，"命"被理解为人生命中一种外在的必然性，这种必然性人不能摆脱，要受到它的制约，同时也很难清晰地认识、把握它。如果人什么都能掌控了，那就不成为命，也就不是外在的必然性。人不能掌握的叫作命运，外在的必然性表示由外部的原因来控制。

孟子对于"命"的使用是比较复杂的。孟子说："莫非命也，顺受其正；是故知命者不立乎岩墙之下。尽其道而死者，正命也；桎梏死者，非正命也。"（13·2）首先，"命"与人的死亡有关系，也就是与生命有关系。因为死亡是人生命旅程的终点，命贯穿于人生命旅程的整个过程中，而死亡是人生命旅程中最重要的节点。孟子有多个关于命的观念，比如知命、正命、立命等。何为知命？孟子认为"知命者不立乎岩墙之下"（13·2），即让生命无谓地冒险，把生命置于明显的危险之下，就是不知命的表现。何为正命？孟子认为："尽其道而死者，正命也。"（13·2）"尽其道而死"的道主要是人道，一个人尽了人道的义务与责任，即使他为此死去也是正命。死亡是命实现的一种形式。所以从知命、正命的角度看，孟子理解的"命"就是一种君子所理解的命，而非庶民所理解的命。

孟子认为，命就是人生命的充分实现与完成，也可以说是人生目标的圆满实现。君子站在岩墙之下，就是没有尽其道而死，"尽"有"充分"的含义；君子实现了对于生命、对于人道的承诺，这就是正命。所以，孟子又说："桎梏死者，非正命也。"（13·2）因犯罪而死的人在孟子看来就没有实现正命。命的完整实现，与人生道路的选择、实践有关系。孟子对于命的想法，不是从本体的角度来看，而是从实践的角度来看，是从价值的实践来看，"尽其道"就是价值的实践。孟子并不反对命的概念，但是如何运用命的概念，他认为君子与庶民是不同的。孟子还提出了"立命"的观念，孟子认为："修身以俟之，所以立命也。"（13·1）"修身"就是《大学》所讲的修身，《中庸》讲修身，《孟子》也讲修身。"俟之"不是消极地等待死亡，它有顺从之意，即顺从宇宙大化的安排。面对命的不可控性，修身是一个人最重要的事情，这就是所谓"尽其道"。孟子认为，尽其道的实践方式就是修身。宋儒张载说："存，吾顺事；没，吾宁也。"（《正蒙·乾称篇》）孟子的思想与此相似，认为人生最大的责任就是修身尽道；如果生命走向结束，那就顺从宇宙的安排，用平和的心态面对命运。因此，"立命"是针对个人而言。张载讲"为生民立命"（《张子语录·语录中》），此处的"生民"是指整体。孟子讲的"立命"是指个体，即君子如何为自己的生命确立方向与基调。个体生命的展开需要方向与基调，修身就是立命的路径与条件，以求得个体生命的充分实现与完成。

个体生命的实现、完成与性命之理有何关系？与性又有何关系？这牵涉到对于生命的追求。孟子说："求则得之，舍则失之，是求有益于得也，求在我者也。

求之有道，得之有命，是求无益于得也，求在外者也。"
（13·3）生命要想实现，从个体来讲必然要有追求。
孟子所讲的"正命"包含了这样的观点：一个人、一
个君子应当有正确的追求，应当追求那些自我可以决
定的东西。因为生命是自我的实现与完成，它是由我
的，必须突出人内在的自我。所以真正的生命应该是
发展人的真正自我，以及它的实现。孟子追求"求在
我者"，因为这样的生命是自我能够决定与掌握的。一
般人所讲的命以及所体现的追求，往往不是由一个内
在的、性善的、德性的自我决定的东西，而是由富贵
利达等外在因素所决定。人都喜欢追求富贵，追求仕
途的通达，孟子认为，人可以追求这些东西，但是这
些东西能不能得到，以及能不能实现，不是由人自己
所能决定的，所以君子认为这些都是"求在外者也"。
"求之在内"与"求之在外"的重要区别在于：前者
的追求活动有益于得的实现，而后者的追求活动无益
于得的实现。因为人自己能决定的东西，人想得到就
可以得到，正所谓"我欲仁，斯仁至矣"（《论语·述
而》）。但是一个人想求得富贵，富贵就可以得到吗？
这不是人自己可以决定的。对于这些东西，孟子的要
求就是"求之有道"。孟子并不反对追求，但他认为要
遵循正当途径，至于结果则要归之于命。所以孟子对

于"食色，性也"并未完全否定，"形色，天性也"表达出孟子对于人感官欲望的方面还是承认的，即承认人性中包含了这一层面。这一层面体现为人对于外部东西的追求，或是求之在外的东西。孟子强调的重点在于"求之有道"与"俟之以命"，就是君子要将得到与否的心态付之于命，而非勉力强求。

孟子关于性命之辨最典型的表述是："口之于味也，目之于色也，耳之于声也，鼻之于臭也，四肢之于安佚也，性也，有命焉，君子不谓性也。"（14·24）人的感官追求是求之于外的，这种追求出于人性；可是有命作为限制，人能否得到是求之于外的，而非求之在我，即自己无法决定。求之在我，人想得到就可以得到；求之在外，能得到多少由命来决定，因而君子不将其视为人真正的本性。孟子又说："仁之于父子也，义之于君臣也，礼之于宾主也，知之于贤者也，圣人之于天道也，命也，有性焉，君子不谓命也。"（14·24）仁义礼智要展开于社会关系的实践。"仁之于父子也"❶，"义之于君臣也"，"礼之于宾主也"，这些道德的实现都展开于人的社会关系之中。它们能不能充分实现，在孟子看来也不是完全由个人能力决定

---

❶ 这一说法不是很常见，楚简《六德》篇有此表述。

的，这就是"命"。

美国著名伦理学家威廉姆斯（Bernard Williams）专讲"道德运气"，即道德实践中有一些成分属于运气，不是人能够完全决定的。他认为，不能把道德实践活动完全看成是人能够决定的，也要重视运气，即影响人的各种条件。这种思想似于孟子所讲的"命"，有一些人所不能掌握的条件，但是对于人的实践可以产生影响。孟子认为"命也，有性焉"，道德的追求和实现虽然有命的限制，但是也有性的支撑。"有性"是指人的道德追求根源于人的本性，所以君子不从命的方面去看待它。依此，我们就能够把人性论与道德选择、道德实践、道德工夫比较紧密地连接起来。只讲人性善的层面，就难以与这些问题紧密连接。在人性的另一层面，即食色天性以及感官需求等方面，如何处理性与命的关系，与人的自我管理、自我教育、自我提升及自我规范具有紧密联系。耳目声色是追求一种感官的享受，这种享受当然是人的需求，他来自人的本性。但是人能否充分实现以得到这些享受，这是"求之于外"，即得与未得不是人自己能决定的，要受到外在限制。孟子认为这些需求虽然来自本性，可是君子并不将其视为性。因此孟子的"观性之法"有两种，而非一种，孟子不仅从本体角度来看，也从君子的意识与境界来看。换言之，孟子讲性善论，这种性善的表达相对而言更强调客观的性质，如人与禽兽在客观上有什么区别。这种讲法固然有其价值立场，但总体而言是一种客观的讲法。孟子也讲性命论，更强调对性的一种主观确认。所以孟子说"君子不谓性也"，即君子不将这一层面的性视为性，不将其确认为性。这种对于性的确认角度属于君子的主观判断。所以我们仅讲性善论，是从本体来看，是存在地去看；但是从性命之理的角度讲，君子是要实践地看。对于人性，我们不能仅仅从存在的角度去看，更要从实践的角度去看，也可以说价值地看。仁义礼智是人的本性，但是人能不能完全实现仁义礼智这些德性，一方面取决于人实现的力量，另一方面也有人自身无法决定的外在限定。比如寿夭不是人自己能决定的，人的生命可能还没有充分实现出来就已经结束了。这种外在限制还有其他各种各样的表现。因此在这一问题上，君子不把那些外在限制看作是命定的，强调对仁义的追求是其本心，必须坚定地不懈追求。君子对于"什么是性""什么是命"等问题，往往不仅从认识、存在的角度看，而是从实践与价值的需要来加以确认。君子对于性与命的认识都与庶民不同，这代表着君子的道德意识与道德境界。正所谓耳目的追求是小体，心是大体，仁义之心是人天赋的大体。先立其大，是大体，从其大体是君子，从其小体是小人（11·15）。所以，对人性的客观认识是一方面，对人性的主体确认是另一方面，而且是更为重要的方面。

命是一种外在的必然性，可是人性也是一种必然性。人性是人生命的本质，既然是生命的本质，这个本质就要求实现。既然这个本质要求实现，所以性也表达了生命的必然性。但是，孟子认为不能将一切必然性都认为是合理的，其中还有价值的选择与确认，所以要从必然性中辨认出它的合理性。在实践中，君子一定要确认哪些必然性代表了价值的合理性，那就是君子的"命"，而不能盲目地遵从一切必然性。仁义礼智是人本性的必然，食色也是人生命的一种必然性。孟子一方面区别了两种必然性，命代表一种外在的必然性，性代表内在的必然性；另一方面认为对于内在必然性还要进行区分，即在道德意识和感官欲望之间，确认其中真正能够实现价值的合理性以作为人的本质。

命是外在的必然性，恰当地认识和对待这种必然性才能达到自由。如果从自由的角度来看，命必然表示对自由的限制，命表示超出了个体的掌控能力，无法自我决断，这当然是不自由。但君子认为个体充分的自我实现才是自由，这是人可以自我决定的。于是性命之辨指向了对自由的追求。孟子说："君子所性，仁义礼智根于心。"（13·21）"所性"就是谓性，就是君子确认的本性。孟子的这些思想包含了深刻哲理，使人们能够不仅从客观角度看待人性的问题，而且从主观的角度、从实践的角度看待人性的问题，引导人真正达到生命的充分实现与完成。确认仁义是人真正的本性，感官欲望就不会侵害仁义之心的主体地位，这是孟子思想的重点。

　　孟子的二重人性问题直接通向人的道德选择或生命选择，即道义与生命的选择。孟子曰："鱼，我所欲也，熊掌亦我所欲也；二者不可得兼，舍鱼而取熊掌者也。生亦我所欲也，义亦我所欲也；二者不可得兼，舍生而取义者也。生亦我所欲，所欲有甚于生者，故不为苟得也；死亦我所恶，所恶有甚于死者，故患有所不辟也。如使人之所欲莫甚于生，则凡可以得生者，何不用也？使人之所恶莫甚于死者，则凡可以辟患者，何不为也？由是则生而有不用也，由是则可以辟患而有不为也，是故所欲有甚于生者，所恶有甚于死者。非独贤者有是心也，人皆有之，贤者能勿丧耳。"（11·10）从人性论来讲，人在义与利、义与生之间所做的"先义后利""舍生取义"等选择是有其依据的，而不是任意的。

孟子思想的当代价值

我们以前研究孟子的思想，往往是从综合意义上来认识其历史价值和意义。今天，我尝试在现代意义的框架里，来探讨一下孟子思想的现代价值。

一、辨义利

《孟子》的开篇，大家知道是《梁惠王》。孟子见梁惠王，梁惠王跟孟子说，老先生，你不远千里而来，给我们带来什么利益？孟子的话大家都知道，"王何必曰利？亦有仁义而已矣"。然后他就讲了很多的话，说如果一个国家的各级领导人都只是追求怎么对我自己有利，如果一个社会是"上下交征利"（原文用的征是征服的征，我们把它解释为争夺的争），那么这个国家、这个社会就非常危险。然后他得出一个结论，说"苟为后义而先利，不夺不餍"，就是说一个国家或者一个社会，它不能够先利而后义，如果是先义后利，或者是后义而先利，只能导致这个社会的利害争夺。所以从价值观来讲，必须要提倡、倡导先义而后利，这个国家才能够有序生存。这个问题的讨论，我们以前也叫义利之辨，义利之辨就是要辨别义利、辨明义利，把义和利的关系搞清楚。

今天我们看这个问题就更清楚了，辨义利的问题，就是价值观的问题。在当时社会比较流行的主张，就是后义而先利。但是孟子跟流俗的主张不同，坚持一定要先义而后利。这个问题其实涉及一个社会的价值观如何确立。一个社会，每个人可以有他自己的价值观，但是一个社会、一个国家主流的价值观，必须正确确立。这个主流价值观的核心就是辨明义利，要对义和利的关系有一个明确的认识。孟子的思想是很明确的，就是一个人也好，一个国家也好，必须反对唯利是图，在义和利之间发生冲突的时候，必须要坚持以义为先，以义为上。孔子讲过，"义以为上"。"义以为上"就是在一切事情上，如果义和利发生冲突的时候，应该是以义为上。当然孔子没有把义和利明确地在价值观上做一个对立，彰显出这个义和利的紧张，以及它对文明社会、对国家的意义。而孟子发展了这一点。

　　刚才讲了孟子最后的结论是"苟为后义而先利，不夺不餍"，他强烈反对后义而先利。这个思想到荀子又有了发展，荀子明确讲"先义后利者荣"。荀子的这个主张不仅是对孟子义利之辨的继承，也是对孟子另一句话的发展，即孟子讲过"仁则荣，不仁则辱"。荣辱观也就是价值观，我们十几年前也进行过荣辱观的教育，特别是新世纪初，我们讲八荣八耻，这都是价值观的问题。今天我们特别强调社会主义核心价值，而且强调社会主义核心价值观的建立，要以中华优秀文化价值观作为基础和源泉。从这一点来看，我们重新温习孟子的思想就有着非常重要的意义。

　　义利问题的讨论，在孟子书中还有一个例子。孟子在和宋钘的谈话里边，又一次申明了这个道理。宋钘想用这个利字，去劝说秦、楚之王，来罢三军之师，避免战争。于是孟子当时对宋钘说了这么一段话，他说如果你想劝说他们消弭战争，但是却用"利"这个字去说服他们，就会导致一种情况，"为人臣者怀利以事其君，为人子者怀利以事其父，为人弟者怀利以事其兄"。这样君臣、父子、兄弟之间"终去仁义"，就是最终没有仁义了，都是"怀利以相接，然而不亡者，未之有也"。这个想法，跟刚才讲的《梁惠王》这个例子是一致的，但是有点区别。《梁惠王》里讲义利关系是针对掌握各级权力的领导人而言，但是我们看《告子下》举的例子，虽然也举了人臣和君主的关系，但是又延伸到父子、兄弟，然后他的结论是"怀利以相接，然而不亡者，未之有也"，这个"相接"超出了政治上的上下级关系，变成更普遍的一种社会交往、社会关系。这样一来，义和利不仅仅是上下级的政治关系要处理的价值观，它更广泛地包括了人与人之间的普遍相接，这个相接就是相处、打交道。所以义利关系不仅是政治秩序要处理的问题，也是所有人与人相处、打交道的基本原则。人与人相处、打交道，不能够唯利是图，只从自己的利益出发，而应该"怀仁义以相接"。所以，《梁惠王上》更注重从治国理政，从政治关系来强调义利关系正确解决的重要性，而《告子下》这一段，把义利问题更加社会化、普遍化，变成人与人相处的普遍原则，就是强调要正确处理义利关系，先义后利。这样，就把关于义利价值观的问题的层次扩大了。第一个层次，是属于治国理政的层次。第二个层次，是属于社会文化的层次。那有没有第三个层次呢？还有第三个层次。

第三个层次就是个人层次，孟子讲人生在道德选择的紧要关头，怎么样处理义利的问题。我们熟知的孟子讲，义利关系也可以表现为不同的形式。比如孟子曰："鱼，我所欲也；熊掌，亦我所欲也，二者不可得兼，舍鱼而取熊掌者也。生，亦我所欲也；义，亦我所欲也，二者不可得兼，舍生而取义者也。"孟子讲的这个例子，就是人生的道德选择。

我们来总结一下。中国古代有完整的价值观体系，有一套核心价值。这个价值观体系和核心价值从孔子时代就开始提出了，孟子把它确立为义利之辨，它是强调先义而后利。这个义利观作为价值观，它是贯通在国家、社会和个人三个层次。我们今天讲社会主义核心价值观分为三个层次，可这三个层次不相贯通。而古代的价值观，它的核心很清楚，强调义利问题；而这个义利观作为价值观，它既是治国理政的价值观，又是社会关系的价值观，也是人生道德选择的价值观。从这方面来看，中国古代文化对价值观的处理，对于我们今天还有重要的参考价值。

今天我们讲的二十四个字组成的社会主义核心价值，大量吸取了古代优秀文化的源泉，但并不是说已经很完善地把古代文化的优秀价值观都体现出来了。比方说讲仁爱、重民本这六句话，如果让我们大家征求意见再扩充，我就加一条，"辨义利"。不仅讲仁爱、重民本，还要辨义利。这才能更好地体现出我们古代文化优秀的价值观。

我还有一点体会，就是在义利关系中，孟子思想里面并没有排除另外一种可能性。就是说，选择先义后利，是在二者不可得兼的情况下，我们必须要做的一种选择。但是孟子并没有排除，也有二者可以得兼的情况，那就不必片面把二者对立起来。比如我们的一带一路规划，我个人觉得就是一个二者可以得兼的规划。所以我们应该努力开创、争取这种共赢得兼的局面。

还要补充一句，孟子讲的这种个人层面的义利选择，主要还是针对我们领导干部来讲的，而不是针对人民来讲。我觉得这个重点应该突出。

二、重民本

孟子讲"民事不可缓也"，这个民事就是指民生大事，民生大事是最急切的大事，缓不得的。所以孟子把民生看作治国理政的头等大事。从今天来看，孟子对民生大事的关切，有一条值得注意，就是他最早提出把温饱作为治国的目标。孟子反复讲，"黎民不饥不寒，然而不王者，未之有也"，王是王天下，不饥就是饱，不寒就是温，不饥不寒就是温饱，今天我们来讲也就是小康。可以说，从孟子以来，千百年来，人民生活以温饱为内容的小康，一直是治国理政的奋斗目标。孟子把温饱的问题看作王政的根本，也是仁政的根本。

我们再来看孟子讲仁政，他说仁政的最先步骤就是"省刑罚，薄税敛"，关注弱势群体。在孟子以前，儒家思想已经包含这一点，所以孟子也把这个思想追溯到西周。"省刑罚，薄税敛"，同时强调保障人民的养生送死的基本生活需要。当然，孟子还提到一步，为了保障人民生活的基本需要，最重要的是制民之产，就是保障人民的产业生计，作为他们求得温饱的基础。所以我们看他的重民本思想里，有温饱的概念，有"省刑罚，薄税敛"，关注弱势群体的层面，然后最重要的，他还有制民之产的观点。当然他那个时候制民之产跟今天不一样，我们不能完全仿效，他主要是强调五亩之宅、百亩之田。那个时候人口少，百亩之田能够实现。

在这一系列重民本思想里，有没有一个贯彻其中的观念？我觉得可以说是一种富民的观念。孟子讲，"民可使富也"。把上面说的这几项做好了，就可以使人民向富裕发展，从小康进一步走向富民。因此这个重民本的思想，与我们今天的小康社会建设，应该说在理念上是完全相通的。孟子另外一个概念也值得注意，就是孟子很强调作为管理者和领导者的"行政"观念。孟子认为，对于领导者、管理者而言，行政是什么？就是为民父母。孟子说："行政不免于率兽而食人。恶在其为民父母也？"明确提出了行政的观念。而且他行政的基本理念是为民父母。为民父母这个观念很早就产生了，西周文化如《诗经》里面就已经有民之父母这些讲法。在孟子来讲，这个思想它一方面是一个基本的行政理念，另一方面，孟子把它看作为一种行政责任，行政责任应该是要问责的。如果我们用一个浅白的话来表述，他就是讲，什么是做官？做官就是为民父母。做官如果不为民父母，那你就在本质上违背了做官的这个责任。我们知道孟子讲的故事里面有一连串问责的那个例子：孟子谓齐宣王曰："王之臣有托其妻子于其友，而之楚游者。比其反也，则冻馁其妻子，则如之何？"王曰："弃之。"曰："士师不能治士，则如之何？"王曰："已之。"曰："四境之内不治，则如之何？"王顾左右而言他。如果你境内四民不治，谁来负这个责任？

可以说，孟子在这方面带有很强的批判性。为民父母，不仅仅是行政理念、责任伦理，同时也有清晰的批判性。这个批判性就是把责任伦理放大，坚决批判和反对以政杀人。从前我们没有以政杀人这个概念，但是孟子思想里边有。比如他讲，你杀人，"以刃与政，有以异乎？"你用刀刃杀人还是用政治来杀人，有差别吗？当时跟他对话的人说，"无以异也"。这就是孟子要得到的结论。所以说孟子是坚决反对、警惕杜绝以政杀人的。这表达了孟子在政治方面很强的一种责任意识。一个政治过程，一个行政过程，我们不能够只讲动机，只讲领导者的动机是什么，还要看他的行政后果。因此，从正面强调，政治和行政的责任是保民；从反面强调，他坚决反对以政杀人。这个跟孔子讲的"苛政猛于虎也"是一致的。所以按照孟子的思想来讲，政治领导者必须要承担责任，如果在你的统治下，人民饥饿而死，你就是直接的责任人，与杀人同罪同责。这样一种对政治责任伦理的最高重视，不是仅仅从动机，而且从政治的后果来考量，并且包含对治国者的问责，这个理念是极具现代意义的。

应该说，孟子的政治思想里面确实有一些很先进的理念。包括以前我们也讲过，就是治民者的权力来源，孟子思想甚至包含了这样的思想，治民者的权力，表面上是来源于上天，但是实际上是受托于人民，受托包含了契约论的思想。他说一个人要到楚国去，把妻子儿女托给一个朋友来照顾，结果回来一看，妻子儿女冻的冻、饿的饿，他用这种受托的关系，来隐喻权力的来源和本质。这些思想对于正确理解我们的权力，是非常有益的。今天我们各级领导干部所掌握的权力，是受人民的委托所赋予的，这些思想早在孟子的思想里面就有了丰富的表达。

孟子还有一个深入人心的思想，传之久远，就是"老吾老，以及人之老；幼吾幼，以及人之幼"。我们看中国历史上，这句话所发生的作用，我们甚至可以说它对二十世纪中国人接受社会主义和共产主义思想都有帮助。作为一种社会理想，"老吾老，以及人之老；幼吾幼，以及人之幼"所代表的那种价值观，已经超出了具体的治国理政的方法范畴，成为一种价值理想。

孟子还有一个思想，当然也是儒家一贯的思想，就是乐民之乐，忧民之忧，乐以天下，忧以天下，孟子讲"然而不王者，未之有也"。所以这个与民同忧、与民同乐，对孟子来讲，是一个理想的领导者的规范，也是一个理想领导者的德性。我们的干部政德，从最高的领导者，到最普通的领导者，他的规范和德性，如果从重民本这一条讲，就是与民同乐、与民同忧。我们一般比较注重讲与民同乐，不太强调与民同忧。

其实与民同忧也同样重要。

如果从当代的意义来讲，孟子的民本思想也可以和当代的一些观念做对比，比如说"为人民服务"。孟子"为民父母"，其实也包含了管理者为人民服务的思想。但是也有一个区别，就是我们半个世纪以前，大家普遍流行的为人民服务的思想，它更多是把为人民服务作为个人的道德，个人的工作态度，或者叫工作伦理。但是孟子这个民本思想，它相对来讲，更突出的是把为人民服务作为制度和政策的意义，强调在制定政策、制定制度的时候，怎么为人民服务。所以孟子讲了很多关于政策方面的设计，属于仁政的设计。孟子很重视什么样的制度和政策能够真正为老百姓服务，他重视制度、政策的价值方向。我们今天如果重新看民本思想，这可以说是一个特点。

我们现在对各级领导强调"以人民为中心"，这个以人民为中心，已经不是五十年前讲的为人民服务，而是把它作为发展理念来讲的。孟子讲的也是以人民为中心，但他不仅仅把这个观念作为一个方面的发展理念，而是作为全部行政的根本出发点、落脚点。应该说，这一点在他的思想里面提得更高。所以我们今天讲人民主体地位、人民至上、为了人民、依靠人民这些理念，它们的思想源头不能不说是来源于孟子。

作为一个传统，孟子思想已经成为我们文化的基因，它无形之中会支配、引导我们的思想。我们弘扬孟子的思想，也可以帮助我们更深刻地理解今天有关于人民的各种提法。

再讲一点，对于民本思想的价值、民本思想的现代意义，近代以来我们有一个偏向，就是比较侧重在处理民本和民主的关系，希望说明民本思想是现代社会民主思想的一种基础。这说明，我们更多的是把民本思想跟民主制度，作为理解孟子思想现代意义的一个切入点。这一点当然没有错。但是今天，我们应该开发另外一面，就是更加重视民本思想对现代国家治国理政的意义。什么意思呢？就是民主的问题、民主制度的问题，是属于政道问题，而治国理政是属于治道问题。政道是一个国家的基本政治制度，治道是治国理政的各种政策、方法。今天我们来看，其实治道可能比政道更有意义，更有重要性。即使是一个民主的制度，如果没有善政，没有好的治道，也仍然是一团糟、一塌糊涂，国家和社会都不能得到很好的治理，这个在当代历史上可以看到很多例子。民主制度当然本身就有多种多样的形态，并不是民主制度就能带来善政，就能带来良好的治理。所以我们今天应该更多关注治道。孟子讲的民本，很多是关注在制度和政策的层面，怎么把国家治理好，这一点对我们今天也是有意义的。

最后我想讲一下关于民贵君轻的问题。民贵君轻是最早的人民至上论。在孟子的时代，能提出这样的思想很了不起，即使在儒家思想内部来讲，它具有的意义也是不寻常的。不是所有的儒家思想家，包括大思想家，都能够达到孟子的价值观这种水平，能赋予人民最高的价值地位。一个典型的例子，就是汉代的董仲舒，董仲舒虽然不是一个绝对的君主崇拜者，他也强调对君权、皇权要进行限制，他有一句话叫作"屈君而伸天"，屈就是委屈的屈，就是带着一种压服、压制，来伸张上天的那个权威和作用，可是他前面还讲了一句话，叫"屈民而伸君"，这个跟孟子思想就差太远了。孟子恰恰是相反，是伸民以屈君，不是屈民以伸君。从这里我们可以看到孟子思想在儒家思想内部的先进性。

从政德教育来讲，我们还面临另外一个问题，就是怎么把这个价值观化为德行，尤其是化为干部的德行。以民为本不仅是一个价值理想，是政策的基础、精神，还要让它能够变成每个干部实实在在的一种德行。在这一点上，它跟以前我们讲的为人民服务也有点关系，为人民服务就是一个德行。把价值观的这些根本问题，实实在在转变为干部的德行，我把它叫作"化理为德"，这是干部政德教育很重要的一个内容。以前冯契先生叫化理论为德行，化理论为方法，他主要讲的是马克思主义哲学，怎么把那个哲学化为德行。我们今天更现实，就是要把这些价值观，把这些理念，真正变成他个人的德行，这是我们今天政德教育提出的新的问题。

三、申教化

孟子所讲的温饱，孟子所理解的小康，是跟教育联系在一起的。如果说他有一个发展理念的话，那就是温饱有教，这个思想在他是一贯的。所以，孟子非常重视民生的温饱，同时他也注重民众的教化、教育。比如他提出"人之有道也，饱食、暖衣、逸居而无教，则近于禽兽"。我们要讲天道、地道、人道，人道的内容不是说饱食、暖衣就是人道，不是的。如果你吃饱穿暖，住得也很舒服，可是没有教养，孟子讲得很严厉，那就近于禽兽。他说："圣人有忧之，使契为司徒，教以人伦：父子有亲，君臣有义，夫妇有别，长幼有序，朋友有信。"这个社会要有人道，真正要"人之有道"，你必须教以人伦，伦常、伦理，他举的有政治关系的伦理，也有家庭关系的伦理，社会关系的伦理。所以政治关系、家庭关系、社会关系的伦常，这是一个文明社会人道最根本的东西。我们现在讲文明社会，往往讲有文字，有城墙。对孟子来讲，什么是文明社会？文明社会就是要有人伦，没有人伦就没有文明。所以这里面包含了孟子的文明观念。文明社会如果沉沦，就变为禽兽的世界。文明社会之所以是文明社会，那些技术的因素应该还不是最重要的，有没有文字出现，有没有城池出现，金属冶炼到哪一步，从孟子的角度、儒家的角度看，这都不是最重要的，最重要的是你有没有建立起一套人伦关系、伦常法则。

这个教育，我们历史上叫作教化。教化在古代来讲，是一个自上而下的教育，甚至是由国家、王朝来负责的。像刚才提到孟子讲的，"圣人有忧之，使契为司徒"。圣人指尧舜，他让司徒来主掌教育工作，教以人伦，教就是教化、教育。这个人伦，也就是五伦。五伦这个人伦之道，后世我们也统称为礼义，孟子有时候又把它叫作仁义。仁义也好，礼义也好，核心的部分是人伦。

孟子有这样的思想，礼义之教很重要，但是礼义之教首先需要有物质基础，就是制民之产。可是制民之产本身还不是足够的，有了制民之产，并不等于理想社会、小康社会已经达到，它必须有教育。在制民之产的同时要加之以教化。所以孟子讲了制民之产，马上就说要"谨庠序之教，申之以孝悌之义"，前面说一定要建学校，后面说一定要讲礼义，孝悌之义。孟子回顾，"夏曰校，殷曰序，周曰庠，学则三代共之，皆所以明人伦也"。夏代叫学校，殷叫序，周叫庠，三代共之，都是为了明人伦。所以孟子对这个教化，人伦的教化，是非常重视的。在使人民温饱的同时，一定要让他能够"暇日修其孝悌忠信"。我们后世讲的孝悌忠信就是从这儿来的，就是不农忙的时候，我有时间修其孝悌忠信，修就包括学习和实践。孟子对小康社会的理解，不是仅仅限于温饱，还有对人民的教化，这是他始终强调的。孟子前面讲民事不可缓也，民为贵，可是孟子不是民粹主义，他是民本主义，他始终坚持人民需要教化。他认为对人民的伦理道德的教化是一个人道社会、文明社会的最基本条件之一。

今天我们国家的人民生活基本上已经解决了温饱问题，但还应该把教育、教化看成是全面建成小康社会的必要方面。孟子重民本，他不仅强烈主张民生，而且也强调教育论，这是孟子思想的辩证通路。毛主席曾经讲过，重要的问题是教育农民。这个思想可能也受到孟子一些影响，因为毛主席对四书非常熟。所以民生论和教民论，应该是我们了解孟子民本思想的互补的方面。而且，孟子对教育、教化的重视，是对于整个社会的设计，是作为一个要追求的理想社会的设计来提出的。这与孔子在《论语》里面表达的对个人教育的重视还不太相同。孟子认为一个人道的社会，理想的社会，小康的社会，它应该具有对人民的教化。只有这样的人民，他所生存的这样的社会，才是一个人道的、理想的社会。

我们今天讲扶贫的观念，小康的观念，温饱的观念，怎么能够结合起这个教化的观念，是一个具有现实意义的挑战。尤其是面对普通民众，他们对于教化的需求往往是不自觉的。但是作为国家政策的制定者，对这个社会的规划，对理想社会的理解，绝不能缺了教化这一条。

四、倡王道

王道的概念，在西周就提出来了。但是孟子关于王道的思想，在今天特别有意义。面对冷战以后的当今世界，怎样构建合理的世界秩序，怎么彻底改变一两百年以来帝国主义、殖民主义和霸权主义的影响和残余，弘扬人类的共同价值，这成为当今世界的一个重要课题。我们国家随着国力的增长，越来越积极地参与全球的事务，特别是推动全球治理体系。在人类的共同价值里面，推动全球治理最重要的，就是怎样在国际事务中贯穿民主和平等的原则。民主就是有事大家商量，平等就是反对大国欺负小国，反对富国欺负弱国、贫国。如果说在这方面，我们有什么历史文化资源的话，那应该就是王道的思想，特别是由孟子阐发的王道思想。

其实最近十几年，已经有很多人开始重视这一点了，即王道思想的当代价值和意义。我们知道孟子提出过王霸之辩，"以力假仁者霸，霸必有大国，以德行仁者王，王不待大"。然后说，"以力服人者，非心服也，力不赡也；以德服人者，中心悦而诚服也"。这个思想，孟子当然针对的是当时那个社会，因为春秋五霸到战国，这种崇尚霸权、崇尚霸道的风气是非常流行的。孟子的这个论述概括得非常精练，就是行事诉诸武力，同时假借道德的名义，这个就是霸道。因为称霸要靠武力，所以称霸者必须是大国，这个容易理解。行事不诉诸武力，而诉诸道德，这个就是王，就是王道。这是儒家所倡言的。王者不是依赖于武力，而是依赖于道德的感染力。因此孟子揭示了二者的区别，说霸的本质是以力服人，王的特点是以德服人。这也可以代表一种价值观。以力服人体现了他的价值对力量的崇拜，而孟子讲，从儒家的角度对这个是加以否定的。因为他从服这个角度来讲，服是秩序的一种体现，他说只有以德服人，才能够使人心悦诚服。所以孟子所追求的理想的服，不是被强力所压服，而是心悦诚服的一种境界。

孟子说，这个霸者也不是傻子，不是赤裸裸只讲强力主义，他行事是相信实力主义的，但是说辞往往需要假借道德的名义。这不仅揭示了霸者霸道行为的逻辑和形态，也明确指出了霸者是有他一套为自己服务的话语体系的。今天我们构建人类共同价值，推动全球治理体系，它一方面涉及价值观的问题，另一方面涉及话语体系的问题。西方国家有一套它的话语体系，作为霸权主义行为的支撑。长期以来，这个世界受到种种大国霸权主义的主导，以武力欺压、胁迫、逼害弱小的国家，或者跟它价值观不同的国家。但是它都打着传播民主、自由这些话语形式。所以这种两面性，必须在本质上加以揭露，要真正认清楚它奉行的是以力服人的根本价值观，来破除帝国主义这种虚假的面貌。

另一方面，霸必大国，因为你是靠强力，可是大国不必霸。这就是我们今天中国所奉行的政策。中国从二十世纪七十年代就已经讲不称霸，毛泽东的时代讲不称霸，邓小平的时代讲不称霸，今天我们的中国崛起，我们还是不称霸。为什么我们不称霸？就是因为我们有王道的理想作为基础，有王道的这种价值观。比如一带一路的规划，就是一个典型的共赢的现象，如果从王道的角度来讲，一带一路就是我们王道思想的一个新的体现。因为这个一带一路的设计，它的理念，是反对以力服人的，它是王道。所以正像孟子所讲的，它就得道者多助。有少部分西方国家不赞成我们一带一路，不参与我们的工作。最近都在不断转变，连日本首相这样的人，也开始对一带一路做正面的评价。说明王道的力量自在人心。全世界大多数人民都肯定一带一路，肯定这种王道共赢的模式。少数西方国家，也不得不正视得道多助的现象和压力，因为有价值压力。

从另一个角度来讲，这个王道，也就是仁政，或者仁政的进一步扩大。我们讲过，孟子讲仁，注重"发政施仁"，把仁的精神施发到政治实践里面。这还不够，孟子还讲，仁不止是发政施仁，仁是要"以善养人"，"以善养人，然后能服天下"。这个观念怎么理解？就是说善，一定要落实为、体现为实际的利益的惠予和推广，惠是实惠的惠，予是给予的予。以善养人，不是仅仅说一套好听的话，讲一套善的东西，养就表示要把善能够落实为、体现为一种实际利益的惠予，所以这个养字不一般。孟子所理解的这个仁政，它包含了养，这个养才能真正地服人。所以我们看一带一路整个规划，它是给一带一路沿线的国家人民，能够带来实际的发展效益。我认为这个就是一种"以善养人"，所以它能够得民心，它是王道的一种体现。

孟子很强调实惠，他不是还讲过一句话吗，"有仁心仁闻而民不被其泽，不可法于后世者"。执政者有很好的仁的名声，也有仁慈的心，可是老百姓得不到真正的泽，泽就是实惠，这种做法不可效法。所以这种仁泽惠民的思想，应该说也是王道的一部分，现在已经成为我们国家处理国际事务一个重要的思想资源。可以说，孟子的思想包含了很多近代的意义和价值。

《孟子》的人格与精神

怎样从孟子思想出发谈廉政建设？在我看来，孟子思想是从完整人格的追求来切入的，虽然孟子直接讲到廉政的言论并不多，但是他的大部分思想都与廉政教育有关。其中最重要的是孟子对理想人格的推崇、倡导。

比如，"无恒产而有恒心者，惟士为能"，恒心就是指稳定的价值观体系，有没有稳定的价值观是士与庶民的不同。庶民无恒产则无恒心，所以一定要为老百姓制民之产，让其有稳定的产业和生计，才能使他们有稳定的价值观。所以庶民的首要问题不是思想教育问题，而是保证其产业和生活温饱，使其道德观念有物质和生活的基础。士的恒心和价值观则不因产业有无而有无，不是直接依赖于生产生活质量，也不是直接依赖于环境变化。这样理解的士及其价值观特点，既描述了当时的社会现实，也寄托了孟子的理想。孟子又讲，"故士穷不失义，达不离道。"（《孟子·尽心上》），"穷"就是没有官做，"达"就是官运亨通。但是，无论"穷""达"，士都永远能保持自己的"道"和"义"，道和义就是其基本价值观的体系。孟子还讲，"穷则独善其身"，"善其身"就是关联到修身；"达则兼济天下"，就是要泽被于民，让老百姓能享受到仁政的实惠，为人民多做好事。士和其坚持的道义，在今天来讲，就是强调领导干部的基本觉悟。这是孟子对士的一般性强调。孟子还讲，"士何事"？士到底是干什么的，"穷"时无事做，"达"时事情做不过来，但孟子回答是"尚志"。何为"尚志"？《尽心上》有曰："仁义而已矣。""志"代表主观思想状态和动机。"尚志"就是周易所说的"高尚其志"，追求心志高尚。用今天的话说，就是不断提升我们的思想境界。士的特点不同于百姓，其恒心不依赖于产业和环境，而且是以尚志为目的，不断提高自己的思想境界。所以，我们今天讲孟子与廉政建设的关系，我觉得重要的一点就是把孟子关于士的人格的尊崇和修养，转变为我们今天一种自觉的政德和修养。

在这里，我重点讲孟子在人格、境界、精神和心胸等方面的启示对我们今天廉政教育的重要作用。因为在孟子那里，除了讲士，还讲君子。士有时与君子相通，如果分别讲呢，可以说"君子"就是达到高度自觉的士。

一般讲，廉政建设往往强调在一个基本的教育层次，就是让他不敢腐败，要了解哪些是禁令，哪些是纪律不许可的东西。这个层次很重要，是基本的。但孟子更强调人的高度自觉，这个觉悟状态应该是廉政建设更加根本的保障。它不是讲几条禁令，而是综合的觉悟，综合的人生观、人格的提升。比如说，孟子讲君子，"由仁义行，非行仁义也"。君子对仁义基本价值的践行，如同我们对社会主义核心价值观的践行，他不是把仁义看作外在的规范，一种律令、外加的要求，强迫自己去履行、贯彻和实行，而是把仁义看作是人类内在的本性。我做这件事不是被外界社会强迫去做，而是顺由我自己的本性，自主地去实践它，这种状态才是达到君子的水平。也有人把君子当作有了自觉的士。所以，孟子对廉政的解决，不是从个别的德行（比如说廉洁这么一个德行）入手，而是从人格、士的整体要求、君子的全德方面，整体提升人的品格和觉悟，包含廉洁奉公和廉政建设。所以我们说，关于士、君子的整体人格的阐发应该是孟子思想的一大贡献。如果从廉政建设的角度说，孟子的特点不是从一件具体事或一个具体德行来阐述，它是更注重通过整体思想觉悟的提高来解决。举个例子，北宋哲学家张载提出"四为"说，（又称：横渠四句）即：为天地立心，为生民立命，为往圣继绝学，为万世开太平。其精神、胸怀，我认为是源自于孟子，但又不同于孟子。孟子强调的重点与这四句有所不同："居天下之广居，立天下之正位，行天下之达道""。"富贵不能淫、贫贱不能移、威武不能屈"。这"三天下"和"三不能"，集中体现了士君子宏大和弘毅的境界，"三天下"可见其胸怀广阔，"三不能"可见其士君子所代表的凛然正气。我们今天多提倡自由和独立的人格，应该说孟子上述六句讲的就是自由和独立的人格，自由就是要独立于富贵的吸引、贫贱的压力和政治的权威，强调的是士的主体人格。孟子的六句话就表达了对自由和独立人格的阐发。

孟子反对"以顺为正"，认为以顺为正是妾妇之道，大丈夫不能像小妾一样忠顺于君主，而要以"三天下"和"三不能"来站位，"立天下之正位"，所以他是以天下作为其心胸。"三天下"表达了士君子一种宏大弘毅的心胸，孔子讲"士不可以不弘毅"，孟子将之具体化为"三天下"，也就是孟子所讲"自任以天下之重"。这也表达了一种担当意识、一种使命感。我想，这样一种胸怀是真正代表了优秀传统文化的精华。

什么叫作"居天下之广居，立天下之正位，行天下之达道"？我们知道，孟子讲，"居仁由义"，居天下之广居应当包含了居于最大的仁的思想。要把仁的境界作为人安身立命的根本，这是"居仁"。"由义"，义就是孟子所强调的最重要的实践原则，所以"行天下之达道"就是由于义。孟子讲，仁是人的安宅，义就是人的正路。从人路来讲，"行天下之达道"的达道特别强调的应该是义，道就是路。孟子的主张就是要居于最大的仁、要实践最大的义，他要具有坚定的人格意志，这才是大丈夫人格的襟怀。"立天下之正位"，宋代朱熹解释为礼，我们强调体现的是"正"的精神，不仅有"仁"有"义"，而且"正"的精神非常突出，这是孟子思想很重要的特色。如果从这个角度看，与之相比较，张载的"四为"更关注士君子的外在的使命，而孟子更关注士君子内在的人格。所以说，孟子所讲的人格，不仅包含我们今天讲的强调自由独立的人格（独立于富贵、贫贱和政治权威），而且还强调正大的人格、道义的精神，应该说这二者互为补充。仅仅讲自由独立的人格，如果从孟子角度来讲，虽然也是很珍贵的，但那还是不够的；同时我们还要有"三天下"、"三不能"、正大的心胸和道义的力量，这才是孟子思想的特点。有了这样的心胸，士君子才能有浩然之气，孟子讲，"至大至刚""塞于天地之间""配义与道"，所以浩然之气一定是一种有道义的胸怀，是因坚持真理和正义而充满的道德的精神。这样的人所体验到的身心精神状态是一种至大至刚的气，能够充盈于天地，也就是文天祥所讲的"天地有正气，于人曰浩然"。正气就是我们今天讲的社会正能量，所以，孟子思想里充满了道德正气，有满满的正能量，这一点永远富有时代意义。

文天祥说"士气所磅礴，凛然万古存"，孟子思想里凛然大义的心胸和人格，这是其他儒家思想里所没有的，应该说是孟子对儒家价值观人格精神表达的重要贡献。

以上所说，虽然不是具体的廉政廉洁，但是如果我们能培养这种整体的人格，那么廉洁廉政问题自然也在其中得到解决了。从这个角度看，孟子思想可以归结这么几点：

第一点，从严治党，我们更多理解是禁之于后，就是事情出来以后，我们怎样进行严格的处理。用严格的律令进行要求，很多还是属于禁之于后，重点在于禁。孟子思想强调教育的一面，不仅要禁之于后，还要教之于前。教不仅是律令的伸张，它还是深厚的、宽广的人格教育。要用这个深化党员干部的思想教育，这样所达到的不仅是廉政，是整个党建的加强。所以第一点，如果从孟子思想来看今天我们廉政建设和从严治党，孟子思想的思路是包含这样一种教育意义的。

第二点，孟子思想强调，我们不仅要讲自由独立的人格，还要讲正大、道义、包容和宽广的人格。孟子所理解的人格，不仅仅是平常讲的自由、独立的人格，这是不够的。真正回归儒家所谈的人格，还要讲求正大、道义。

第三点，我们讲中国知识分子精神、讲中国士君子的精神、讲中国儒者精神，不仅要讲横渠的"四为"，还要提倡孟子的六句，"三天下""三不能"，二者相互补充，对我们廉政建设更有现实意义。"富贵不能淫、贫贱不能移、威武不能屈"，这是与我们今天廉政建设联系最直接的三句话，做到这三点，在生活中应该说就可以实现我们廉政建设所有的基本要求。

为天地立心就是要确立价值的承担，为生民立命就是要确保人民的生活生命，为往圣继绝学就是中华义化的传承发展，为万世开太平就是永久和平的愿景。"四为"应该说是强调做事的一面，但是孟子"六句"包含了做人，更多强调的是做人的心胸和原则。我们不仅要做事做得好，要高、大、上，（"居天下之广居，立天下之正位，行天下之达道"），还要做人做得好，要仁、正、义，这一点非常适合我们今天党员干部政德教育所培养的基本价值观。所以，从孟子思想来看，我们既要讲社会的历史文化使命担当，同时也要讲境界的提升、心胸的扩展和精神的充满。

总结起来，从《孟子》的启发看廉政建设，我们既要重视廉洁这一道德的肯定，还要积极倡导全德的养成，这样才能实现孟子思想与廉政建设有效结合。

最后补充一点，从比较直接的意义上讲，孟子对倡导廉政建设有一个重要的贡献，就是对"义"的强调。我们知道孔子强调"仁"，孟子是以"仁义"并称。孟子把"仁"的观念，从孔子所讲的个人道德概念，发展为政治和行政的基本理念，这就是仁政。"仁政"不仅是个人的道德，也是治国理政的基本原则。但是孟子还有关于义的贡献。刚才我们讲"义，人路也"，孟子讲四端四心中，特别讲，"羞恶之心，义之端也"，他把对义的定义奠基在羞恶之心上。羞恶是廉耻的基础，那么廉洁中"廉"的基础应该就是羞恶、羞耻心。孟子直接联系羞恶之心来讲"义"，应该说在理论和实践上给我们开了新路。廉是一种规范，羞恶是一种内心状态，孟子讲"义"应该说为我们今天强调"廉""廉政"在理论上奠定了根本基础。今天讲的廉政建设，在儒家文化体系里应该属于"义"，廉政建设、从严治党是"义"。深刻体会孟子"义"的思想，并加以发展，使之成为廉政建设的基础，这是传承发展优秀传统文化的一个新路。

孟子论仁爱的思想

从 2013 年到 2014 年，习近平总书记特别强调，社会主义核心价值不是无源之水、无本之木。社会主义核心价值有它自己的深厚的历史文化的根源、根脉。在这个前提下，习近平总书记的讲话里面还特别总结了中国优秀传统文化的核心价值观。他举出了六条，第一条是讲仁爱，第二条是重民本。我们习惯上说讲仁爱是孔子提出的，重民本是孟子提出的。其实孟子在讲仁爱方面也对孔子思想做了不少的发挥，提出了一些新的看法。所以这里我想简单讲讲：孟子是怎么讲仁爱的？在讲仁爱方面，孟子的思想有什么特点？对孔子的仁爱思想做了哪些发挥？

一般来说，我们特别**重视从"仁政"的方面来理解孟子对孔子思想的发展**。孟子说"发政施仁""施仁政于民"（梁惠王上），仁政就是把仁的理念和精神施行于政治和行政的过程之中。"尧舜之道，不以仁政，不能平治天下"（离娄上），"行仁政而王，莫之能御也"（公孙丑上）。我们常说孔子的仁爱思想主要是作为个人的道德来讲，但是孟子的仁政思想是把"仁"推广到社会政治领域来讲，使得"仁"不仅成为个人的价值，而且成为社会的价值。这个角度已经是老生常谈，我不多讲这点，我要从孟子思想里面另取出几点，来说明孟子思想在仁爱方面对孔子思想的一些发展。

第一点，"仁者爱人"。**孟子继承了孔子的仁爱观。**我们现在常说"仁者爱人"，在《论语》里面颜渊问仁，孔子回答说"爱人"。完整的"仁者爱人"这种思想应该是首见于《孟子》，孟子说："仁者爱人，有礼者敬人。爱人者，人恒爱之。敬人者，人恒敬之。"（离娄下）这清楚地说明孟子继承了孔子的仁爱观。然后孟子又讲："知者无不知也，仁者无不爱也。"（尽心上）"仁者无不爱也"是对"仁者爱人"所做的一个更强化的表述。孟子还讲过："爱人不亲反其仁"，反是自反，这是反求诸己的意思，反思自己在仁的爱人实践中有何欠缺。所以，从这几句话里面可以看出，孟子完全继承了孔子的仁爱思想，用"仁者爱人"来表达仁作为价值观的基本原则。

第二点，"仁者以其所爱及其所不爱"。**孟子把仁作为价值原则的思想，进一步扩大发展为实践的原则。**

但实践的原则有不同的层次，我举出这样几句话给大家看看。孟子说："人皆有所不忍，达之于其所忍，仁也。"（尽心下）我们知道，孟子讲仁，如果从仁心来讲，就是不忍人之心，或者叫不忍之心。在上面这句话里，孟子对仁做了这样一个实践的定义，每个人都有现实的不忍人之心，但是人的不忍人之心往往是限定在一个范围，如果你能把它加以扩大，扩大到达之于其所忍，这就是仁。就是说，你以前已经忍了的那些，要把它变成不忍的。比如我们用《孟子》中关于以羊易牛的故事来加以说明，杀牛你不忍，杀羊你忍，仁就是要把你以前忍的，变成你不忍的范围，孟子说这个才是仁。这个讲法不是从价值原则上来定义，实际上是指引我们的实践，是实践的定义。所以我说在这点上，孟子更具体地把价值原则的仁爱，进一步发展为实践的原则。

我们还可以举出类似的话，如"仁者以其所爱及其所不爱，不仁者以其所不爱及其所爱"（尽心下）。简单来说，这跟我们刚才讲的意思是一样的，就是一个人的仁心，因为仁是爱，所以他有一个所爱的对象和范围，"及其"跟前面讲的"达于"是一样的，都是扩充的意思，你把你以前爱的范围扩大到你以前所不爱的范围，这就是仁者。这两条可以说明，孟子不仅仅是一般地把仁作为一个价值原则，而且指出了在实践上，我们怎么来践行这个仁的价值。

如果再补充一条的话，关于扩充的意思，在提倡"达之于"的同时，他还讲了，"人能充无欲害人之心，而仁不可胜用也"（尽心下），"不可胜用"就是用之不尽。这个仁作为一个价值的源泉，怎么能使它用之不尽呢？就是"能充"，充就是扩充。怎么扩充呢？扩充你无欲害人的心。人都有不想害人的心，要扩充这个心，那么仁就不可胜用了。这跟我们前面讲的两条的原则是相辅相成的。前面我们讲的扩充爱心的办法，"达之于""及其"是比较积极的，是从积极的一面来讲。"扩充无欲害人之心"，它跟那个方向不相同，但是目的性质是一样的。

第三点，"仁民而爱物"。**孟子提出了仁民的观念。**如果我们看《孟子》中一句大家熟知的话，孟子说："君子之于物也，爱之而弗仁；于民也，仁之而弗亲。亲亲而仁民，仁民而爱物。"（尽心上）这话对我们读《孟子》的人是耳熟能详的。我现在比较关注的是中间的这句话，就是"仁民"，仁就是仁爱的仁，民就是人民的民。"仁民"这个概念的提出，我觉得在仁的思想上来讲，孟子应该说做了一个发展，因为孔子并没有讲仁民。孔子讲爱人，爱的对象是笼统的，是就普遍意义来讲的。但是孟子还特别提出"仁民"，把民作为仁的特别要强调的一个施发的对象，这是有它重要的政治思想意义的。前面讲到，我们以前都比较重视讲仁政，把仁政作为孟子对于孔子的仁的思想的一种主要的发展。但是我们看到仁民的概念，我们就知道仁政的概念不是直接提出的，它需要一个中介，这个中介就是仁民的概念，它特别强调要把民作为仁的对象，这个就清楚地表达了孔子的思想到了孟子这个时代，特别向政治思想方面发展的取向。孔子是从一般性的、普世的道德原则来讲"仁者爱人"，但是孟子因为要突出仁在政治实践和社会实践中的意义和重点，所以他特别强调民是仁的主要对象。所以，有了"仁民"的概念，"仁政"的概念提出来才有意义。因为仁政这个抽象概念的本身还看不出仁政所施发的对象，仁民是要强调人民受惠，仁政是要爱护、爱待人民，所以仁民的概念有它重要的意义，它给仁政的概念提供了一个基础。从孔子的一般的爱人的仁，到孟子所讲的仁政，这之间有一个仁民的概念作为中介，这样就把讲仁爱思想与重民本思想结合起来了。因为我们知道孟子除了仁政思想以外，他特别强调以民为本、以民为贵的思想，从仁的思想到民贵的思想，是怎么过渡、发展过来的？我觉得"仁民"这个概念就起了一个重要的中介作用。仁先发展到仁民的思想，这样就跟他的民本主义结合起来，使仁这个概念跟"民本"中民的概念构成一种相互的有机的结合。这样我们就对孟子思想，从讲仁爱到重民本，找到了一个连续性的表达。

第四点，"仁之实，事亲是也"。**孟子澄清了仁与孝的关系。**我想孔子到孟子所面对的一个问题，就是怎么表达仁与孝的关系？孟子是选择从事亲的角度来论述仁的起点，孟子说："仁之实，事亲是也；义之实，从兄是也。"（离娄上）这是讲仁义和孝悌的关系。在这样一个表达里面，孟子强调了事亲的思想对仁的意义。我们前面讲"亲亲而仁民"中亲亲的概念，亲亲属于仁，事亲也属于仁。但是准确地说，亲亲和事亲是仁的起点。这样就澄清了仁和事亲、孝亲的关系，就是仁并不是在事亲、孝亲以外的另外一个价值。仁是包含亲亲和事亲在内的一种普遍价值。当然仁所包含的范围超过亲亲和事亲。但是如果从起点来讲，亲亲和事亲就是仁的起点，没有这个起点，也就不能进一步地扩充、推广仁的概念。同时在孟子的思想里面，它把事亲作为"仁之实"，这意味着仁是一种普遍的价值，普遍价值对应不同的实例，而事亲就是仁这种普遍价值的一个实例。从这点来看，孟子的思想比较全面地澄清了表达孝的观念的"事亲"和"亲亲"与仁作为普遍价值之间的关系。

第五点，"仁也者，人也"。**孟子强调仁是人的本质属性**。在以上讲的之外，孟子对孔子的思想还做了哪些发挥，哪些发展？建立了哪些新的表述？那就是孟子思想在人道和人性的方面，对仁学做了发挥。在人性方面，孟子讲性善论，性善论最重要的是通过仁、义、礼、智四心来表达。所以"仁"在孟子思想里就具有了人性本质的意义。在孔子思想里面没有这么讲。因为孔子讲的人性还是笼统的，"性相近，习相远"。但是孟子把孔子仁学的范围进一步扩大了，让仁能够深入、覆盖到人性的问题，明确指出仁就是人的本性里面第一位重要的德性。

在仁义礼智四德里面，仁当然毫无疑问是最重要的。如果我们讲孔子到孟子的人性论的变化，应该说孟子的人性论的特点就是把以仁为代表的儒家的德性，明确肯定为人性的本质。同时，关于人道，孟子讲了这么一句话："仁也者，人也。合而言之，道也。"（尽心下）"仁也者，人也"，孟子是把仁义礼智的仁作为一般性的人的本质来表达。也就是说仁义礼智的仁，是人的本质，表达了一种对于本质的重要性的认识。人的本质也是人的品德、人的品性。如果从德行论的角度，我们说它包含有这样的意义：从先秦下来一直到孟子，儒学积累了很多德行论的思想，举出了很多的德目。比如说孔子讲"智仁勇"，《中庸》里面讲"中庸"，孟子讲"仁义礼智"，还有很多的德性、德目。我想孟子在做这个表述的时候，他可能是想问这样一个问题：儒家举出了这么多的德目、德性，有没有一种德性，人只要拥有它，即使在其他的德性方面有所欠缺，他仍然是一个善的人？如果有这种德性，是哪一种？比如说孔子讲的智仁勇，你有智的德行，但是你在仁的方面有缺陷，勇的方面有缺陷，能不能说你本质上还是善良的？你拥有了勇的德行，但是你在仁、在智的方面有缺陷，能不能说你本质上仍然是善良的？我想孟子的回答是，其他的德性都没有这样的地位，只有仁这个德性，只要你拥有了它，即使在其他的方面有所欠缺，你仍然可以被认为是一个善的人。这就是因为仁这个德性最能够代表和凸显人的本性本质。孟子还把孔子的仁的思想也推广到人道，认为仁才是人道之大者。这和我们今天讲的人道主义的思想应该是联系在一起的。

第六点，"仁者如射，反求诸己"。**反求诸己是仁者的基本修养实践。**我们刚才说孟子所讲的仁的思想有它的价值原则，有它的实践原则，同时我们认为在孟子的思想里面，把仁作为一种修养方法，对孔子的思想也做了一些补充。这个补充里面比较重要的一点是什么呢？《孟子》里面讲："仁者如射，射者正己而后发。发而不中，不怨胜己者，反求诸己而已矣。"（公孙丑上）这个概念也是对孔子思想的发展。就是说一个仁者，他的特点就好像我们古代射礼里的射箭一样，正己而后发。他强调的一种人格的修养就是正己，己要正。孔子已经讲了，君主先要正己，才能正人。孟子把这个思想做了进一步的发挥，不仅仅是国君要正己，而是说作为一个普遍的道德实践，仁就代表一种对正己的要求，而且是对正己的优先性的强调。就是说正己是最重要的，别的都不论，最重要的一条、最先要做的事情是正己。

其次，孟子讲的正己的重要性，还表现在"发而不中，不怨胜己者"。我没有射中，我不能怨别人，要从自己身上来找原因。比赛时，你没有取胜就怨别人，想办法去治别人，这不是仁的思维。这个世界上就有这样的人，看别人要赶上自己，他不是从自己的角度来反省自己，他是想办法把要追上自己的对手置于死地。这样的思维就显然不是我们中国文化里面讲的仁者的思维。仁者思维是"正己而后发，不怨胜己者"。所以儒家的价值观强调要"反求诸己而已"，比赛是公平竞赛，如果你比赛失利，应该反求诸己。人生的实践把"仁"作为一个道德修养，就是你处处要反省自己，反省自己什么地方做的是对的，什么地方做的是不对的，这叫反求诸己。所以孟子从仁者如射，最后推出"仁"作为修养的方法，它要落实到反求诸己，于是反求诸己就成了"仁之所以为仁""仁者之所以为仁者"的一个重要的修养方法。这也是儒家修养方法的代表，《论语》里面也引用曾子的话："吾日三省吾身"（学而），人要把自反、反躬、反省、反求作为人生道德修养的一个重要的修养方法。

以上就是孟子对儒家"仁爱"思想的发展推进。是我的心得。

出版说明

历经数千年风雨沧桑的中华文化，绵延至今，生生不息，滋养着中华文明的持续发展，也成为当今世界重要的精神资源。

中国国家主席习近平在纪念孔子诞辰 2565 周年国际学术研讨会暨国际儒学联合会第五届会员大会开幕会上的重要讲话中鲜明指出，中华文明不仅对中国发展产生了深刻影响，而且对人类文明进步做出了重大贡献；强调要认识今天的中国、今天的中国人，就要深入了解中国的文化血脉，准确把握滋养中国人的文化土壤。

当前，我们正逢急剧变化的时代和文明格局，更为迫切需要读懂中华文化的博大精深，建立全面认知自身历史的版图；我们也需要对传统文化进行创造性转化、创新性发展，重新挖掘其被遮蔽和误读的内在价值；我们还需要在不同文化交流和多样文明对话的场域中，有能力充分展现中华文化的精髓和智慧。

由国际儒学联合会发起和支持、活字文化策划组织的这套"中华文化新读"丛书，因此应运而生。

丛书以对中华文化的前沿研究为立足点，汇集各领域当代重要学者的原创成果，以新视野、新维度、新方法阐释传统文化，以鲜活的语言深入浅出地解读我们的历史和思想，大家写小书，国故出新知。是为宗旨。

二〇二一年九月